AF364911

GEOCINEMA
El cine a través del lente geológico
© Nicolás Phillipi, 2021

Editado por: Corporación Ígneo S.A.C
para su sello editorial Ediquid
Av. Arequipa 185 1380,
Urb. Santa Beatriz. Lima - Perú

ISBN: 978-612-48345-8-5
Impresión bajo demanda

Hecho el Depósito Legal en la Biblioteca Nacional del Perú N° 2021-01591
Se terminó de imprimir en febrero del 2021 en:
ALEPH IMPRESIONES SRL
Jr. Risso Nro. 580
Lince - Lima.

www.grupoigneo.com
Correo electrónico: contacto@grupoigneo.com
Facebook: Grupo Ígneo | Twitter: @editorialigneo | Instagram: @grupoigneo

Imagen de portada: Reinterpretación de fotografía del film The Gold Rush (1925)
© United Artists & Charles Chaplin Productions
Diseño y diagramación: @impetucreativo
Coordinación: Dayana Villa

Colección: Pensamiento

GEOCINEMA

El cine a través del lente geológico

NICOLÁS PHILIPPI

EDIQUID

CONTENIDO

ÍNDICE SEGÚN PAÍSES

PRÓLOGO

Si bien el cine siempre se ha caracterizado por la riqueza de sus narrativas, resultantes de combinar múltiples elementos y talentos, a menudo hay un elemento que es parte fundamental de una historia pero que es relegado a un segundo plano, en la mayoría de las ocasiones literalmente. Este elemento es el paisaje, el cual puede estar representado por un escenario urbano, un paisaje natural o uno digitalizado.

En este libro nos enfocaremos en los paisajes naturales de algunas de las películas más icónicas de la historia del cine, y realizaremos una revisión de estos desde un punto de vista geológico, entendiendo qué procesos naturales representan y de qué están conformados.

Entre las 21 películas que son mencionadas en este libro, se seleccionaron 105 escenas filmadas en 12 países distintos, tales como Estados Unidos (EUA), España, Túnez, Canadá, Reino Unido, Fiyi, Italia, Marruecos, Nueva Zelanda, San Vicente y las Granadinas, Islandia y Argentina. Cada una de estas escenas representan paisajes y ambientes geológicos únicos, los cuales fueron analizados en base a imágenes satelitales, múltiples mapas geológicos y datos de revistas científicas de todo el mundo para identificar las rocas exactas que se muestran en cada una de estas escenas.

Combinar el arte cinematográfico con la ciencia divulgativa es el concepto final de este libro, entregándole al lector una nueva aproximación a la naturaleza desde un punto en común para todos. De este modo, el cine se convierte más que en un medio de entretención o admiración y pasa a ser también un medio informativo de datos ocultos y desconocidos para los que no están relacionados al mundo de las geociencias, e incluso aquellos que sí lo están pueden satisfacer su curiosidad con los datos específicos que encontrarán en las escenas de sus películas favoritas.

GEOCINEMA

El cine a través del lente geológico

The Gold Rush (1925)

Titulo original: The Gold Rush
Duración: 95 min
Genero: Aventura, Drama, Comedia
Estreno: 26 de junio de 1925, EUA
Director: Charles Chaplin
Guionistas: Charles Chaplin
Elenco: Charles Chaplin, Mack Swain, Tom Murray
IMDB: 8,2

Un prospector se dirige a Klondike en busca de oro.

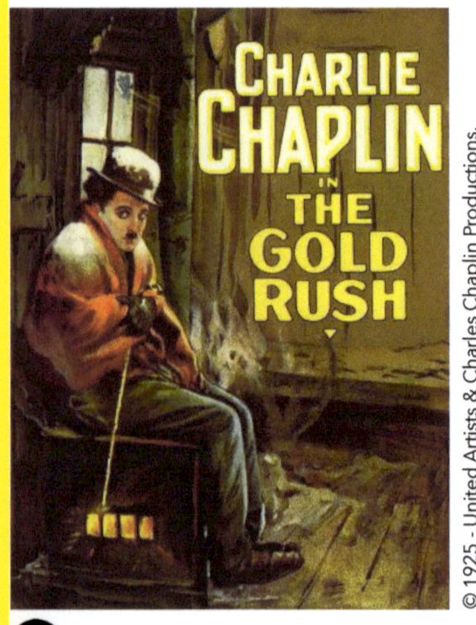

Contexto (Escena I, imagen superior): Cientos de mineros desesperados luchan por escalar el camino estrecho y empinado que atraviesa el Paso Chilkoot en Alaska durante la fiebre del oro.

Locación: Palisades, California, EUA. (39°17'37.0"N 120°20'03.6"W)

Chaplin tuvo la primera idea para esta película cuando estaba viendo algunas imágenes estereoscópicas de la fiebre del oro de 1896 en el territorio del Yukón (Canadá). Algunas de estas imágenes mostraban filas serpenteantes e interminables de buscadores de oro que cruzaban el Paso Chilkoot, en la frontera entre Canadá y Alaska, en ruta hacia los campos de oro.

Los paisajes rocosos y gélidos de los alrededores del Monte Donner, en California, fueron los escogidos por Chaplin para simular el indómito territorio del Yukón.

El remoto Paso Chilkoot es representado en la película por la actual ruta de ski Palisades en el centro de ski Sugar Bowl en Truckee, California.

Las rocas de Las Palisades son principalmente lavas andesíticas y sedimentos volcánicos de entre 5,4 a 4,4 millones de años de antigüedad provenientes de un volcán extinto en el Monte Lincoln, ubicado a la izquierda de esta toma.

Este tipo de rocas comúnmente genera picos filosos en las zonas gélidas, debido a la erosión de estas por el crioclastismo, fenómeno en el cual las rocas se destruyen por el congelamiento y descongelamiento del agua atrapada entre las fracturas.

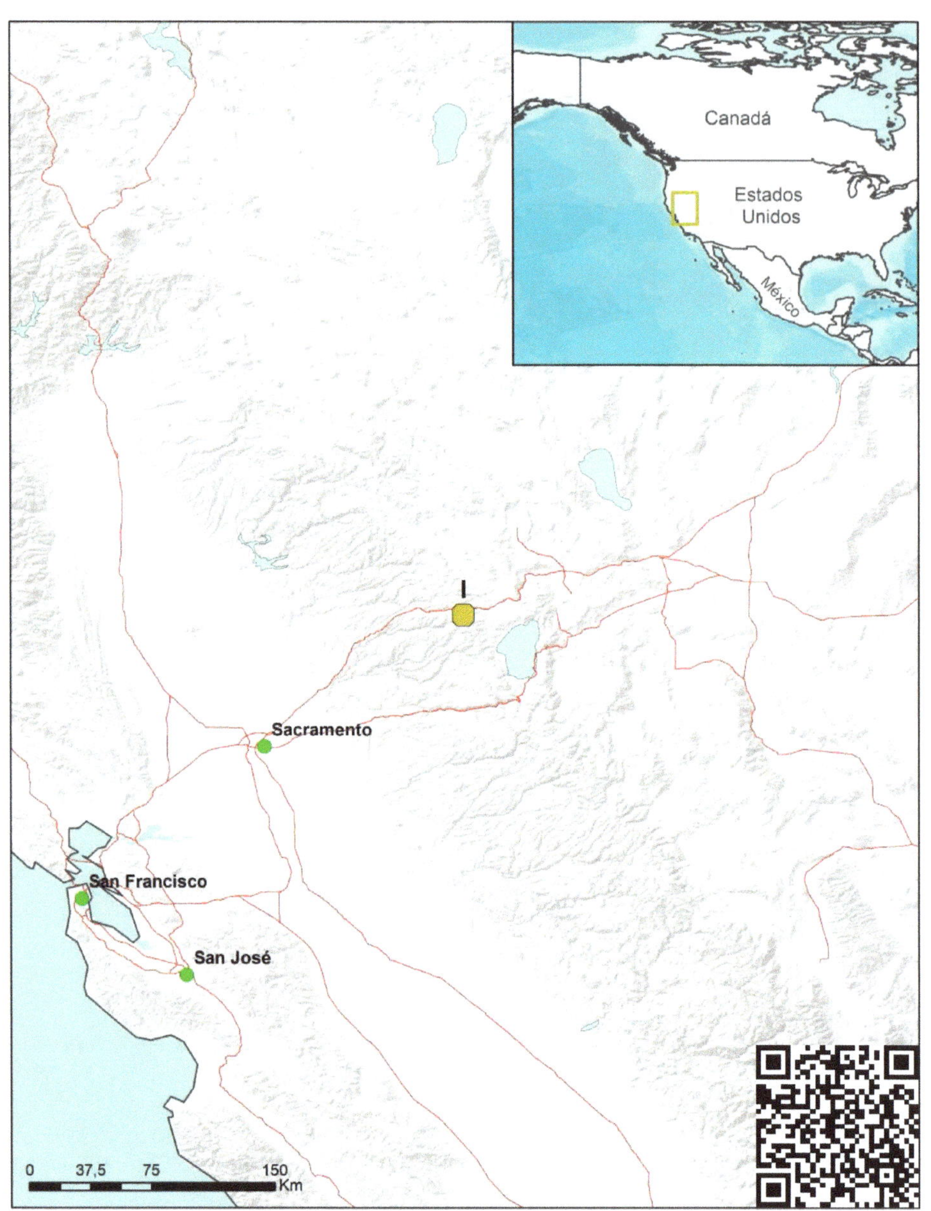

Mapa y código QR con los puntos geográficos en los cuales se filmaron las escenas de esta película mencionadas en este libro.

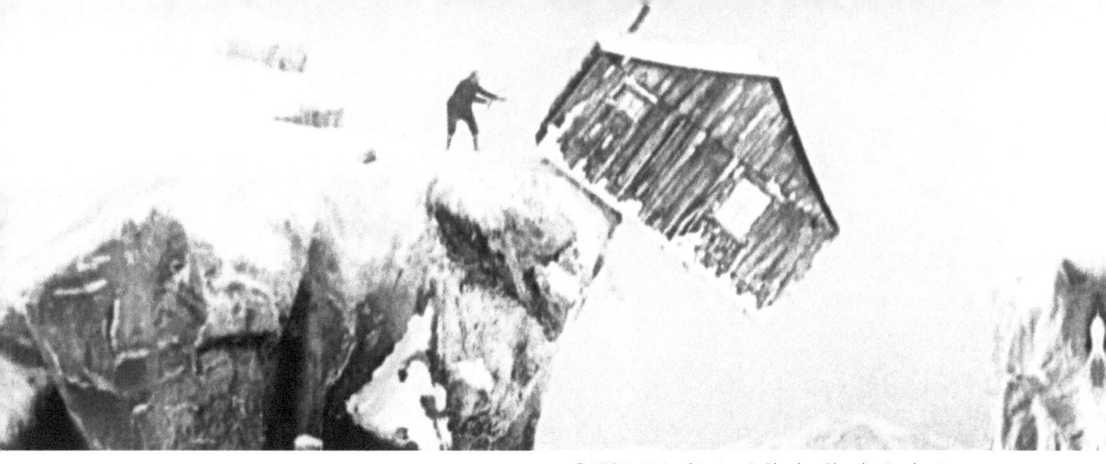

Mientras filmaban en los alrededores del Monte Donner, el equipo se dio cuenta de que algunas escenas serían imposibles de realizar debido a las condiciones climáticas del invierno, por lo que tuvieron que construir su propio paisaje montañoso en miniatura en un estudio de Hollywood con base en madera, rejillas de alambre, arpillera, yeso, sal y harina.

Finalmente, se construyeron dos montañas falsas, una a escala real de la cabaña, y otra en miniatura para las escenas en las que la cabaña se balancea sobre el risco.

North by Northwest (1959)

Titulo original: North by Northwest
Duración: 136 min
Genero: Aventura, Suspenso
Estreno: 1 de julio de 1959, EUA
Director: Alfred Hitchcock
Guionistas: Ernest Lehman
Elenco: Cary Grant, Eva Marie Saint, James Mason
IMDB: 8,3

Un ejecutivo de publicidad de la ciudad de Nueva York huye después de ser confundido con un agente del gobierno por un grupo de espías extranjeros.

© 1959 - Warner Bros

Contexto (Escena I, imagen superior): Roger Thornhill y El Profesor se encuentran a los pies del Monte Rushmore.

Locación: Monte Rushmore, Dakota del Sur, EUA. (43°52'38.2"N 103°27'25.0"W)

Otros títulos filmados en esta locación: 28 títulos, entre ellos National Treasure: Book of Secrets (2007) y Nebraska (2013)

La vertiginosa persecución que tiene como escenario final el Monumento Nacional Monte Rushmore tuvo que ser filmada en una reproducción a tamaño real en los estudios de MGM, debido a que la Comisión de Parques del Departamento del Interior de EUA no le otorgo a Hitchcock el permiso para filmar sobre los rostros de los expresidentes.

Sin embargo, algunas escenas si fueron filmadas en el monumento real, el cual fue tallado entre 1927 a 1941 en el granito "Harney Peak" de 1715 millones de años de edad.

El granito del Monte Rushmore instruye a rocas metamórficas esquistosas de aproximadamente 2000 millones de años de edad, que son visibles en el área del mirador al monumento.

Cuando la cámara magmática se comienza a formar en la profundidad de la corteza, el magma de esa cámara entra en contacto con las rocas circundantes (intrusión magmática), esas rocas circundantes, que sostienen el magma dentro de la cámara, se denominan «roca caja» y pueden ser cualquier tipo de roca. En este caso, el magma que formo el granito del Monte Rushmore fue alojado por estos esquistos.

Locación (Escena II, imagen inferior): Mirador del Café Carvers, Monte Rushmore, EUA. (43°52'38.0"N 103°27'21.1"W)

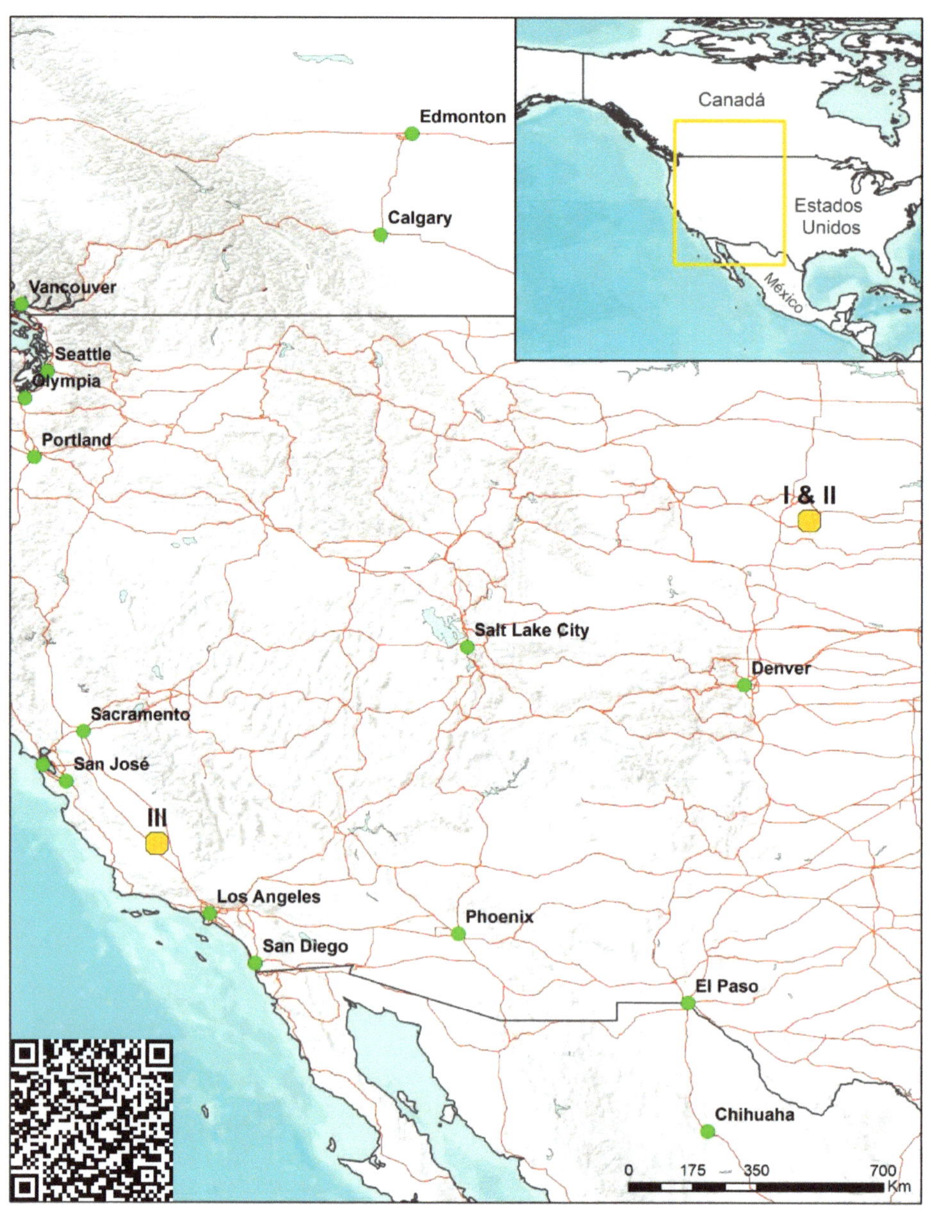

Mapa y código QR con los puntos geográficos en los cuales se filmaron las escenas de esta película mencionadas en este libro.

Locación (Escena III, imagen superior): Carretera Garces, California, EUA. (35°45'39.0"N 119°33'42.2"W)

Esta zona es parte de un enorme valle central que recorre casi todo el estado de California.

Los sedimentos provenientes de las sierras californianas se acumulan en las partes más bajas, siendo redistribuidos por el viento y el agua. También se pueden acumular en grandes lagos, y luego estos, al desaparecer dejan los sedimentos no consolidados que formarán parte del futuro suelo.

Esta planicie en particular se formó durante los últimos 2 millones de años.

La casa de Vandamm se encuentra, supuestamente, incrustada en la misma roca del Monte Rushmore, sin embargo, en la realidad no existe ninguna casa ni ninguna construcción sobre este monumento.

Debido a la prohibición de construir el set sobre el monte, se tuvo que construir la maqueta de la casa en tamaño real en los estudios de MGM y reproducir a su vez las rocas sobre las que esta hubiese estado construida si se hubiese hecho el set cerca de la cima del monte.

Finalmente, las escenas tuvieron que ser filmadas de noche para evitar que se notara que la casa y las rocas no eran reales.

The Good, the Bad and the Ugly (1966)

Titulo original: Il buono, il brutto, il cattivo
Duración: 161 min
Genero: Spaghetti western
Estreno: 23 de diciembre de 1966, Italia
Director: Sergio Leone
Guionistas: Luciano Vincenzoni, Sergio Leone, Agenore Incrocci y Furio Scarpelli
Elenco: Clint Eastwood, Eli Wallach, Lee Van Cleef
IMDB: 8,8

Tres cazarrecompensas buscan una fortuna en oro enterrada en un cementerio remoto.

© 1966 - MGM & United Artists

Contexto (Escena I, imagen superior): Escena inicial de la película. Tuco aparece por primera vez escapando de una emboscada.

Locación: Desierto de Tabernas, España (37°01'49.0"N 2°24'18.9"W)

Otros títulos filmados en esta locación: Lawrence of Arabia (1962) e Indiana Jones and the Last Crusade (1989)

La escena introductoria de esta película comienza con una vista hacia el suroeste del Monte Alfaro (745 m.s.n.m.), desde un punto de filmación ubicado a 2,5 km del pueblo de Tabernas.

Este paisaje esta constituido por rocas sedimentarias denominadas Margas, areniscas y conglomerados de una edad geológica promedio de entre 11 a 5 millones de años de antigüedad (Ma) y representan la sucesión de depósitos típicos de una cuenca marina.

El Monte Alfaro vuelve a aparecer en otra escena más adelante en la película (00:32:45 min). La vista al monte es similar porque se filmó en un set cinematográfico llamado Mini Hollywood y que esta ubicado a solo 2,5 km del lugar donde se filmó la Escena I.

Los depósitos de paleo cuencas marinas son comunes en el Desierto de Tabernas, y son frecuentes como paisaje en esta película, ya que prácticamente la mitad de las escenas se filmaron alrededor de esta zona. Sin embargo, los paisajes geológicos son distintos dependiendo de las texturas y edades que presentan las rocas de este desierto.

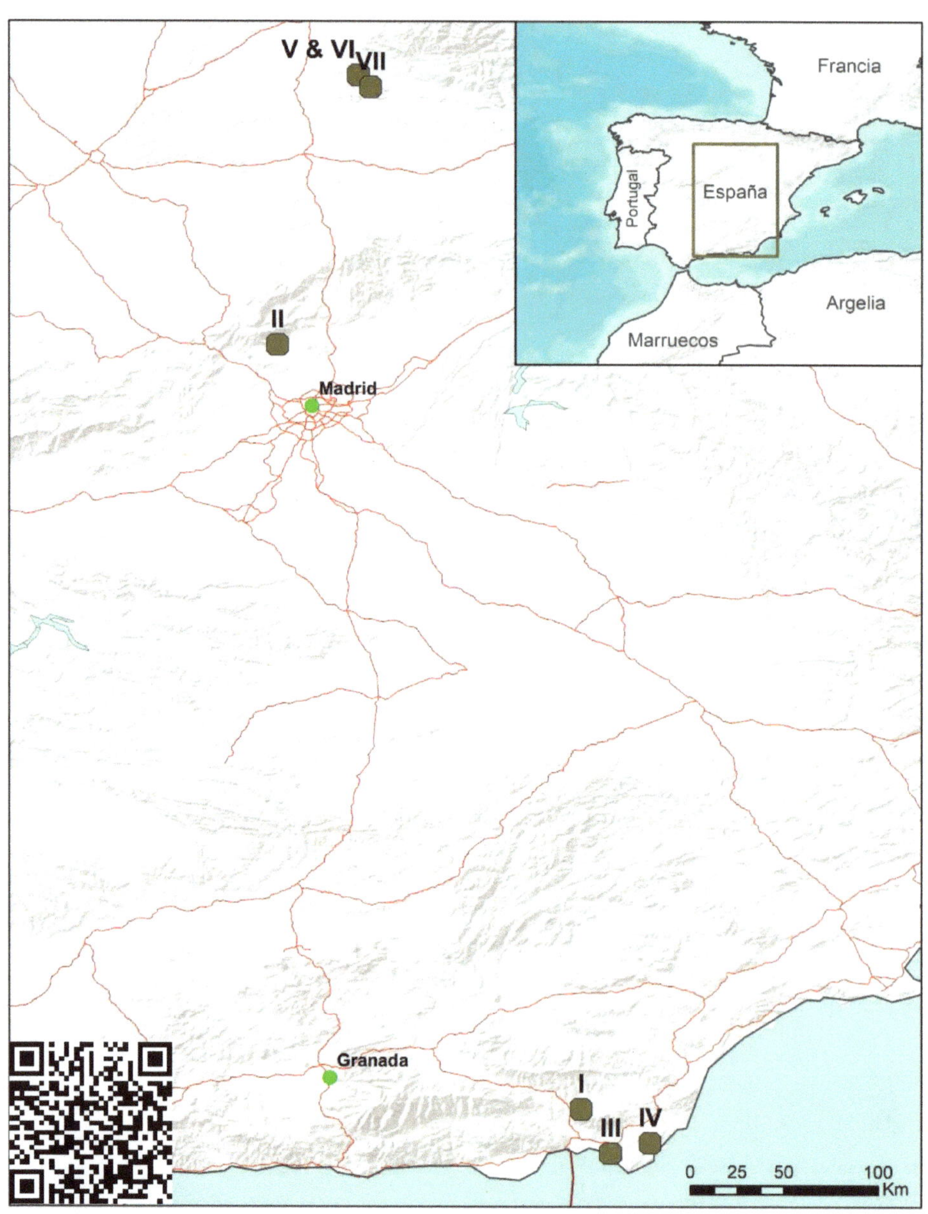

Mapa y código QR con los puntos geográficos en los cuales se filmaron las escenas de esta película mencionadas en este libro.

Locación (Escena II, imagen superior): La Pedriza, España (40°44'18.2"N 3°51'21.0"W)
Otros títulos filmados en esta locación: Don Quijote von der Mancha (1965)

Esta escena fue filmada a 39 km al noroeste de la cuidad de Madrid y en ella se pueden apreciar en segundo plano los granitos de grano grueso de la Pedriza (~330 Ma).

Estas rocas fueron generadas en profundidad en la corteza continental durante la colisión entre los paleo continentes Laurasia y Gondwana (380-280 Ma) durante la integración del supercontinente Pangea.

Las Dunas de las Amoladeras son el escenario en el que Tuco mantiene secuestrado a Blondie. Estas dunas tienen una extensión de 2,5 km en dirección noreste y 14 km hacia el noroeste.

Las dunas se clasifican según sus tipos de formas. Estas en particular corresponden a dunas tipo Barján y tienen una edad de ~120.000 años.

Locación (Escena III, imagen inferior): Dunas de las Amoladeras, España (36°48'58.7"N 2°15'54.9"W)
Otros títulos filmados en esta locación: Lawrence of Arabia (1962) e Indiana Jones and the Last Crusade (1989).

Cuando Tuco decide salvar a Blondie de la deshidratación lo lleva a un monasterio, el cual en la vida real se llama Cortijo del Fraile y fue construido por frailes dominicos en el siglo XVIII. Los cerros que se divisan al fondo corresponden a secuencias sedimentarias de rocas carbonáticas denominadas calcarenitas bioclásticas, debido a que contienen pequeños fósiles marinos. Estos depósitos carbonaticos tienen una edad geológica de ~7 Ma.

Locación (Escena IV, imagen a continuación): Cortijo del Fraile, España (36°51'56.7"N 2°04'30.0"W)

Locación (Escena V, imagen anterior): Monasterio de San Pedro de Arlanza, España (42°02'54.4"N 3°27'59.4"W)

El paisaje que se observa desde el interior del monasterio no es para nada similar al que se ve desde el exterior en la Escena IV, esto se debe a que las escenas del interior fueron filmadas en el Monasterio de San Pedro de Arlanza ubicado a 590 km hacia el norte del anterior monasterio. El afloramiento rocoso que se observa a través de la ventana corresponde a rocas calizas del cretácico (~80 Ma).

Locación (Escena VI, imagen superior): El Torcón, España (42°02'52.1"N 3°27'10.5"W)
Otros títulos filmados en esta locación: El valle de las espadas (1963)

La clásica escena de la demolición del puente se realizó a tan solo 1 km de la Escena V, por lo que se pueden observar exactamente las mismas calizas de esa escena.

A partir de este momento todas las escenas finales de la película fueron filmadas en el mismo valle.

El cementerio de Sad Hill en el que transcurre el duelo final fue diseñado y construido exclusivamente para la película.

En esta escena los estratos sedimentarios son claramente reconocibles en el fondo del paisaje. En la base de estas secuencias se encuentran conglomerados de ~113 Ma sucedidos por areniscas en la sección media y posteriores calizas (~80 Ma) en la parte superior. Este tipo de secuencias son típicas de eventos de transgresión marina.

Locación (Escena VII, imagen inferior): Santo Domingo de Silos, España (41°59'26.0"N 3°24'31.4"W)

Star Wars: Episode IV - A New Hope (1977)

Titulo original: Star Wars
Duración: 121 min
Genero: Aventura, Sci-Fi
Estreno: 25 de mayo de 1977,
EUA
Director: George Lucas
Guionista: George Lucas
Elenco: Mark Hamill, Carrie
Fisher, Harrison Ford
IMDB: 8,6

Luke Skywalker, junto a un grupo diverso de rebeldes, intentan salvar a la galaxia de la destrucción por parte del Imperio, al mismo tiempo que intentan rescatar a la Princesa Leia del misterioso Darth Vader.

Contexto (Escena I, imagen superior): C-3PO y R2-D2 aterrizan en el planeta Tatooine luego de escapar de la nave imperial.

Locación: Mesquite Flat Sand Dunes, Parque Nacional Death Valley, EUA. (36°36'31.6"N 117°06'57.5"W)

El desértico planeta Tatooine, hogar de Luke Skywalker, es el protagonista en términos de los paisajes geológicos que dominan en esta película.

Para lograr esta atmósfera desértica se utilizaron locaciones en el Valle de la Muerte en EUA y los salares del desierto de Túnez.

En esta escena, C-3PO y R2-D2 se encuentran en las dunas del Valle de la Muerte en el desierto de Mojave, lugar donde se ha registrado la temperatura más alta de la historia, 56,7 °C.

El Campo Dunar Mesquite Flat Sand en el Valle de la Muerte está constituido por arenas no consolidadas que se encuentran activas desde hace 10 000 años por la actividad eólica.

Las montañas en segundo plano corresponden a Corkscrew Peak y Thimble Peak de entre 1700 a 1900 metros de altura, respectivamente. Estas montañas están constituidas por conglomerados de entre 3,6 a 1,8 Ma que incluyen fragmentos de otras rocas provenientes de las Montañas Funeral, que están ubicadas 60 km al sureste de este punto.

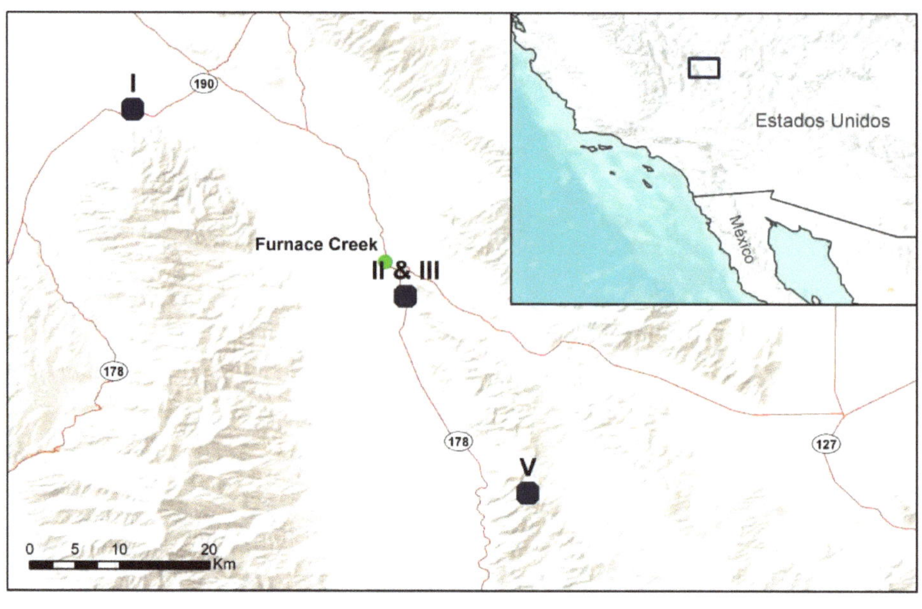

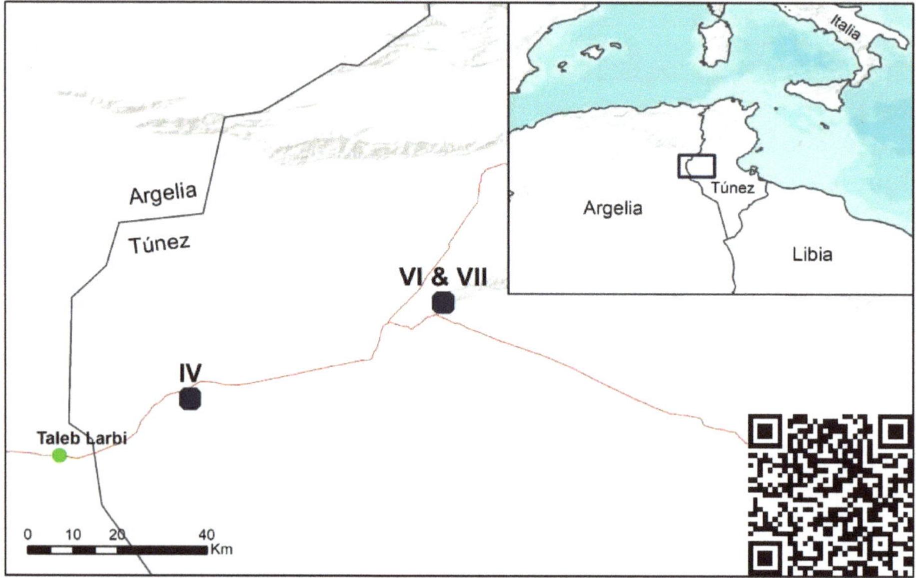

Mapas y código QR con los puntos geográficos en los cuales se filmaron las escenas de esta película mencionadas en este libro.

Locación (Escena II, imagen superior y escena III, imagen inferior): Golden Canyon, Parque Nacional Death Valley, EUA. (36°25'18.2"N 116°50'44.9"W)

Esta escena fue filmada a 32 km al sureste de la Escena I, y estas rocas también corresponden al mismo tipo de roca de ese lugar, los conglomerados; sin embargo, estos son un poco más antiguos, con una edad geológica aproximada de entre 5 a 3 Ma y representan los depósitos sedimentarios, más superficiales y próximos a la ribera de un gran lago.

La gran mayoría de las rocas del Valle de la Muerte corresponden a rocas sedimentarias de distintos tipos y edades, siendo las más antiguas de hace más de 2500 millones de años.

El salar más grande de todo el desierto del Sahara fue el escenario para filmar la clásica escena de los soles binarios.

Este salar tiene una extensión máxima de 250 km y una superficie de 7000 km^2. A pesar de que se encuentra seco la mayor parte del año, en invierno es posible observar una delgada capa de agua en la que inclusive se puede navegar con embarcaciones pequeñas.

Locación (Escena IV, imagen a continuación): Chott el Djerid, Túnez (33°50'34.2"N 7°46'44.5"E)
Otros títulos filmados en esta locación: Star Wars: Episode II (2002) y Star Wars: Episode III (2005)

Locación (Escena V, imagen anterior): Dante's View, Parque Nacional Death Valley, EUA. (36°13'26.2"N 116°43'33.6"W)

La ciudad ficticia de Mos Eisley está ubicada en medio del salar Badwater en el Valle de la Muerte, el cual no tiene ninguna construcción humana sobre él, es solo un truco visual para la película. Este salar es muy reciente, y no tiene más de 10 000 años de edad. Sin embargo, las rocas metamórficas que lo rodean son muy antiguas, y tienen más de 1500 Ma.

Locación (Escena VI, imagen superior y escena VII, imagen inferior): Sidi Bouhlel, Túnez (34°02'13.8"N 8°16'45.1"E)
Otros títulos filmados en esta locación: The Little Prince (1974), Raiders of the Lost Ark (1981), The English Patient (1996) y Star Wars: Episode I - The Phantom Menace (1999)

Ambas escenas fueron filmadas en el mismo cañón en Túnez. Aunque pareciera ser más extenso, este cañón no tiene más de un kilometro de largo.

Las secuencias sedimentarias que se pueden distinguir claramente en la imágenes son intercalaciones de sedimentos arcillosos, margas, calizas y yeso de la Formación Aleg, representativa de una antigua cuenca marina que existió entre los 90 a 70 millones de años atrás en ese lugar.

The Shining (1980)

Titulo original: The Shining
Duración: 146 min
Genero: Drama, Horror
Estreno: 23 de mayo de 1980, EUA
Director: Stanley Kubrick
Guionistas: Stephen King (novela), Stanley Kubrick y Diane Johnson
IMDB: 8,4

Una familia se dirige a un hotel aislado para pasar el invierno, donde una presencia siniestra lleva lentamente al padre a la demencia, mientras que su hijo psíquico ve terribles presentimientos tanto del pasado como del futuro.

© 1980 - Warner Bros. Entertainment

Contexto (Escena I, imagen superior): La familia Torrance se dirige al Hotel Overlook en la montaña donde serán sus cuidadores durante el invierno.

Locación: Lago Saint Mary, Montana, EUA. (48°41'20.7"N 113°32'16.4"W)

Si alguna vez alguna película a logrado captar la caída de la mente hacia la demencia de manera magistral, esa es sin duda The Shining.

La ruta montañosa con la que comienza Kubrick nos sugiere inmediatamente que nos dirigimos hacia un lugar aislado donde el invierno podría no permitirnos volver con facilidad. Kubrick logra captar la esencia de los paisajes, hasta ese momento asociados exclusivamente al western, para contarnos una historia de violencia claustrofóbica en tiempos modernos.

Estas rocas de tonalidades grisáceas corresponden a rocas sedimentarias carbonáticas como dolomías, calizas y calcoarenitas.

Estas rocas poseen la particularidad de contener fósiles de estromatolitos, que son estructuras bioconstruidas por cianobacterias en ambientes marinos someros y cálidos. Estos organismos son considerados los precursores de toda la vida en la Tierra y existen de hace por lo menos 3500 millones de años. Estos en particular tienen alrededor de 1600 millones de años de antigüedad.

Locación (Escena II, imagen inferior): Lago Saint Mary, Montana, EUA. (48°42'59.1"N 113°28'34.0"W)

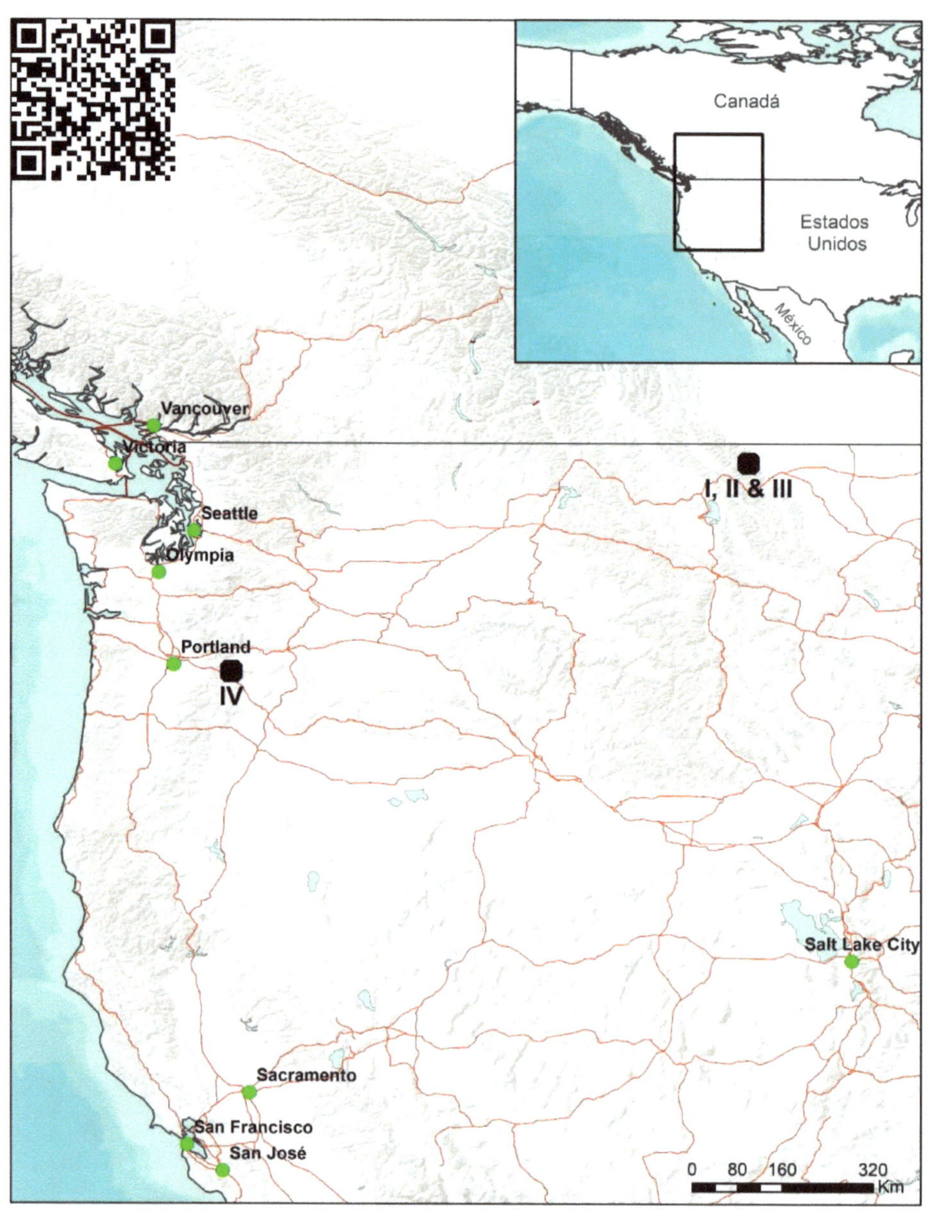

Mapa y código QR con los puntos geográficos en los cuales se filmaron las escenas de esta película mencionadas en este libro.

Locación (Escena III, imagen superior): Lago Saint Mary, Montana, EUA. (48°41'24.0"N 113°31'36.4"W)

Las rocas calizas y dolomíticas del Lago Saint Mary se encuentran expuestas en la actualidad debido a los constantes procesos glaciares de los últimos 2 millones de años y que duraron hasta hace no más de 12 000 años atrás, y que erosionaron las rocas hasta el punto de formar grandes cuencas y valles que actualmente albergan lagos como este.

El Monte Hood, en el que se encuentra el reconocidísimo hotel de la película, es en realidad un volcán, y desde esta perspectiva se pueden apreciar distintos flujos de lavas andesíticos y dacíticos de entre 900 000 a 400 000 años de antigüedad, además de algunos depósitos piroclásticos mucho más jóvenes de no más de 6000 años de edad.

Locación (Escena IV, imagen inferior): Timberline Lodge, Oregon, EUA. (45°19'50.1"N 121°42'40.8"W)
Otros títulos filmados en esta locación: 6 títulos, entre ellos All the Young Men (1960) y Lost Horizon (1973).

Raiders of the Lost Ark (1981)

Titulo original: Raiders of the
Lost Ark
Duración: 115 min
Genero: Acción, Aventura
Estreno: 12 de junio de 1981,
EUA
Director: Steven Spielberg
Guionistas: Lawrence Kasdan,
George Lucas y Philip Kaufman
Elenco: Harrison Ford, Karen
Allen
IMDB: 8,4

*En 1936, el arqueólogo Indiana
Jones es contactado por el gobierno
de EUA. para encontrar la mítica
Arca de la Alianza antes de que lo
hagan los nazis.*

Contexto (Escena I, imagen superior):
Indiana Jones escapa de los nativos
amazónicos de la tribu Hovito tras
intentar escapar con el «ídolo dorado de la
fertilidad».

Locación: Kipu Ranch, Kauai, EUA.
(21°56'25.6"N 159°23'33.1"W)

Quince kilómetros hacia el sureste de la
Escena III de Jurassic Park, se filmó esta
secuencia en la que se puede apreciar en
segundo plano lo que queda de antiguas
sucesiones de lavas basálticas de más de
4,8 millones de años de antigüedad.

Este tipo de rocas son muy poco
resistentes a la erosión, por lo que en unos
pocos miles de años generan valles a
medida que los elementos destruyen las
rocas, quedando actualmente solo los
agudos escarpas verticales de lo que alguna
vez fueron grandes coladas de lava.

La isla secreta que sirve de base para los nazis en la película realmente no es para nada secreta ya que se encuentra en la mismísima Bahía de San Francisco a tan solo 18 km hacia el norte de esta cuidad y a 700 metros de la costa más cercana. Sorprendentemente a pesar de estar tan cerca de la civilización la isla no se encuentra habitada.

La isla está compuesta por estratos de areniscas y un tipo de roca metamórfica denominada pizarra. Estas rocas son del periodo cretácico con una edad aproximada de 85 millones de años.

Locación (Escena II, imagen inferior): Isla Marín Occidental, California, EUA. (37°57'57.4"N 122°28'22.5"W)

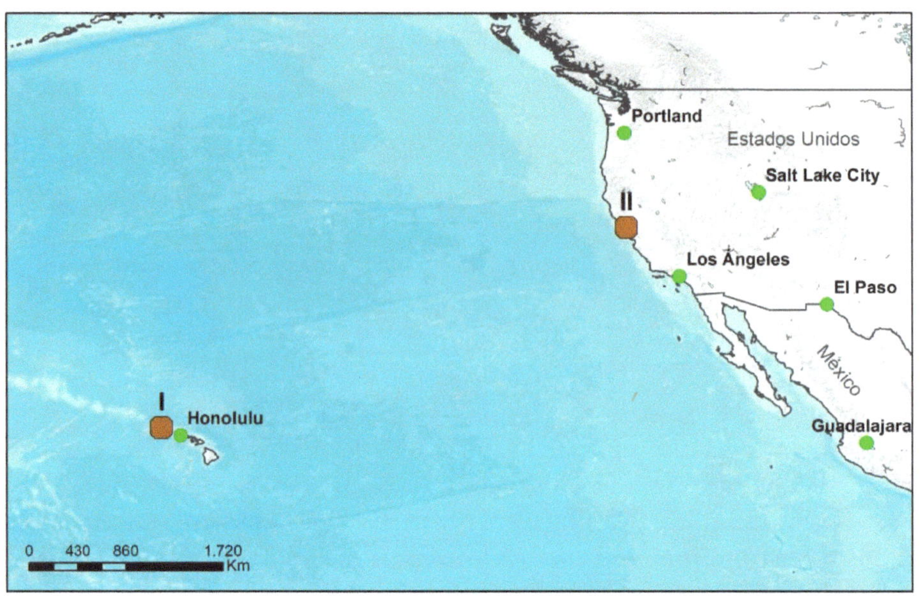

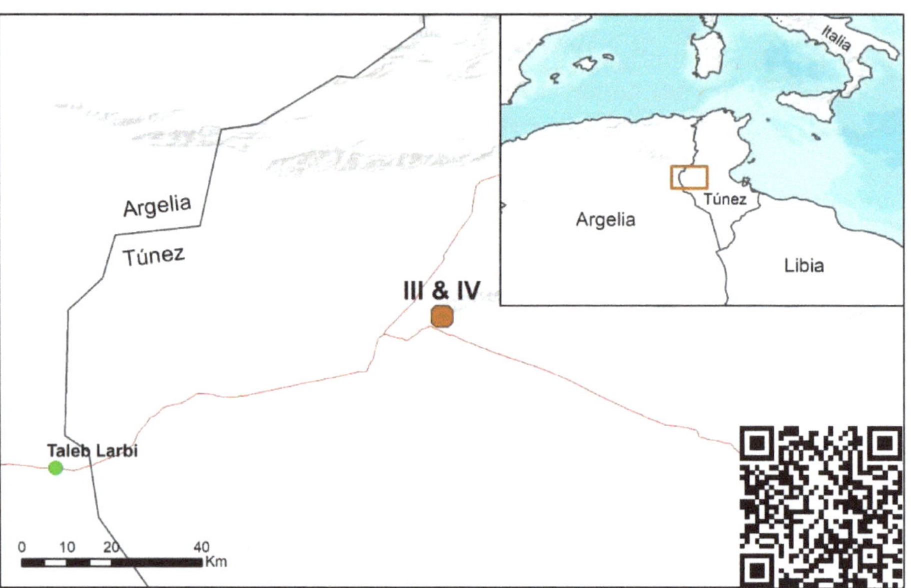

Mapas y código QR con los puntos geográficos en los cuales se filmaron las escenas de esta película mencionadas en este libro.

Locación (Escena III, imagen superior): Tozeur, Túnez. (Alrededor de esta área, 34°02'02.5"N 8°17'14.3"E)

Otros títulos filmados en esta locación: 26 títulos, entre ellos The Little Prince (1974), The English Patient (1996) y Star Wars: Episode I - The Phantom Menace (1999)

La Escena III fue filmada en la zona exterior del cañón de la Escena IV, y corresponde al mismo que el de las Escenas VI y VII de Star Wars (1977).

Claramente George Lucas decidió reutilizar algunos paisajes de esta película, e incluso lo volvió a hacer para Star Wars: Episode I - The Phantom Menace (1999).

Locación (Escena IV, imagen inferior): Sidi Bouhlel, Túnez. (34°02'06.9"N 8°16'52.1"E)

Otros títulos filmados en esta locación: 6 títulos, entre ellos Star Wars (1977) y The English Patient (1996).

The Thing (1982)

Titulo original: The Thing
Duración: 109 min
Genero: Horror, Misterio, Sci-Fi
Estreno: 25 de junio de 1982, EUA
Director: John Carpenter
Guionistas: Bill Lancaster y John W. Campbell Jr.
Elenco: Kurt Russell, Wilford Brimley, Keith David
IMDB: 8,1

Un equipo de investigación en la Antártida es perseguido por un alienígena que cambia de forma y asume la apariencia de sus víctimas.

Contexto (Escena I, imagen superior): Una forma de vida extraterrestre logra infiltrarse en la base antártica U.S. Outpost 31.

Locación: Glaciar Salmon, Columbia Británica, Canadá (56°11'17.3"N 130°03'05.7"W)

Todos los años, al comienzo de la temporada de invierno, los científicos de la estación antártica Amundsen-Scott, ubicada exactamente en el polo sur geográfico, tienen como tradición proyectar esta película, junto con las versiones de 1951 y 2011.

La Antártida es sin duda el lugar más inhóspito de nuestro planeta, por lo que cualquier historia que requiera absoluta desconexión de la civilización, la vuelve el escenario ideal.

Entre hielos de cientos de miles de años los secretos reales y ficticios esperan aún, ocultos, entre la espesura glacial.

La estación científica U.S. Outpost 31 fue construida exclusivamente para esta película junto al glaciar Salmon en Canadá.

En segundo plano se observan los montes Bayard y Lindeborg, constituidos por rocas intrusivas granodioríticas de una edad aproximada de 40 millones de años.

A pesar de que estas son los tipos de rocas más resistentes que existen, los glaciares pueden moldearlas y construir valles entre ellas en solo unos cuantos miles de años.

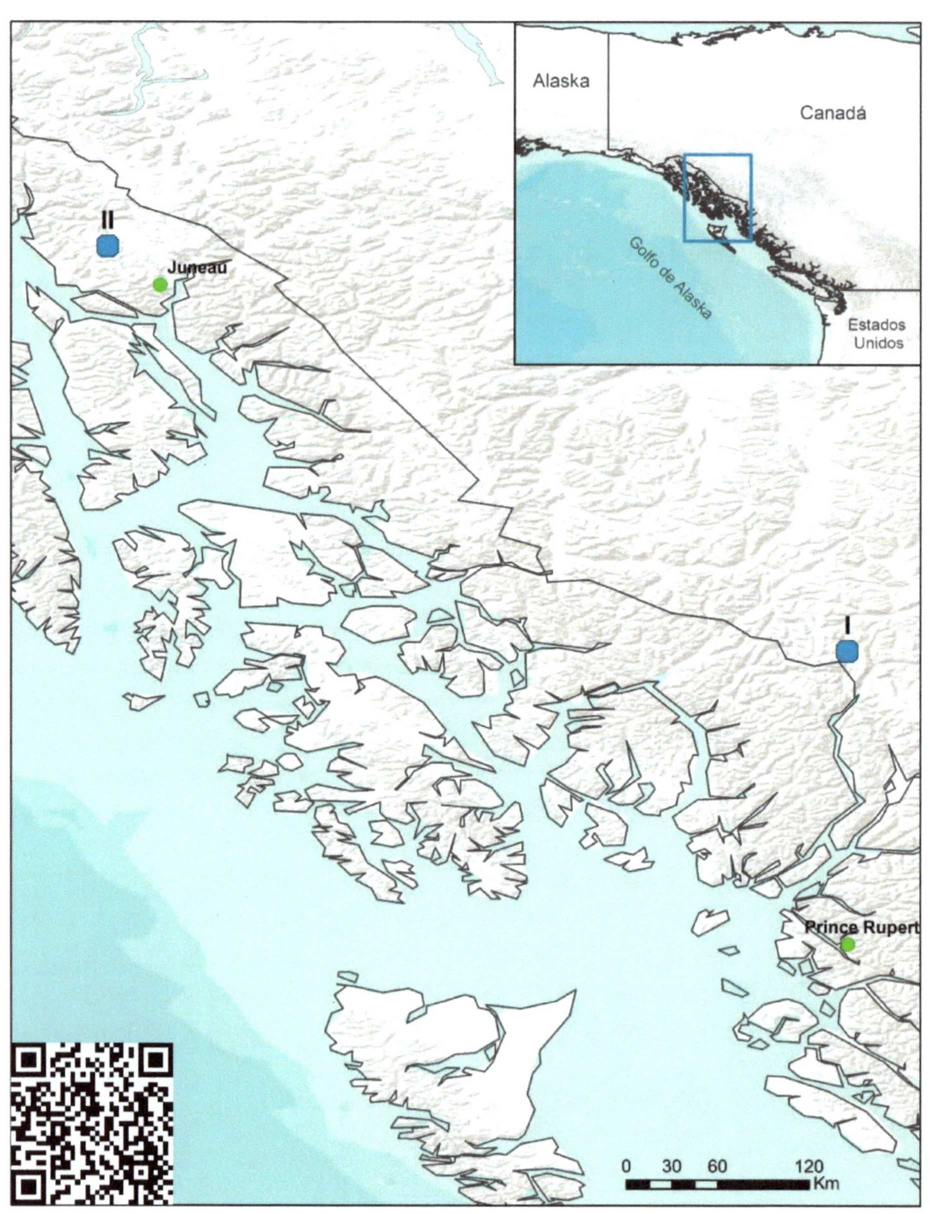

Mapa y código QR con los puntos geográficos en los cuales se filmaron las escenas de esta película mencionadas en este libro.

Locación (Escena II): Campo de hielo Juneau, Alaska, EUA. (58°37'25.3"N 134°26'45.6"W)
Otros títulos filmados en esta locación: 28 títulos, entre ellos Limbo (1999) y Wildlike (2014)

Los campos de hielo corresponden a grandes masas de hielo al interior de los continentes y que suelen culminar en sus bordes en glaciares que conectan con el mar, lagos o fiordos.

A nivel global estos campos corresponden a los rezagos de la última gran glaciación que existió entre los 10 000 a 100 000 años atrás.

Jurassic Park (1993)

Titulo original: Jurassic Park
Duración: 127 min
Genero: Aventura, Sci-Fi
Estreno: 9 de junio de 1993, EUA
Director: Steven Spielberg
Guionistas: Michael Crichton (Novela) y David Koepp
Elenco: Sam Neill, Laura Dern, Jeff Goldblum, Richard Attenborough
IMDB: 8,1

Un grupo de científicos que visitan un parque temático deben encontrar la manera de sobrevivir luego de que una falla eléctrica provoque que los dinosaurios clonados del parque se suelten.

Contexto (Escena I, imagen superior): Descubrimiento del ámbar fósil.

Locación: Hoopii Falls II, Kauai, EUA. (22°06'18.7"N 159°20'20.2"W)

Esta escena nos introduce en el descubrimiento de un ámbar fósil que contiene en su interior un mosquito prehistórico del cual se obtendrán muestras de ADN para clonar dinosaurios que vivieron entre los 230 a 66 Ma.

Las secuencias estratificadas que se ven en esta escena corresponden a depósitos aluviales de ~3 Ma. Debido a que este tipo de depósitos son literalmente flujos de barro, podrían arrastrar fácilmente consigo algún ámbar que se cruce en el camino, sin embargo debido a la dinámica violenta de estos flujos es poco frecuente que se conserven en tan buenas condiciones como se muestra en la película.

Otro punto en contra es que la edad de la isla Kauai, a pesar de ser la más antigua de las islas del archipiélago de Hawái, es de 6 Ma, por lo que seria imposible encontrar un ámbar fósil que contuviera material genético de dinosaurios 60 millones de años más antiguos. Todo esto, claro está, sin considerar las dificultades científicas detrás del proceso de clonar dinosaurios, de lo cual se ha escrito bastante.

Los ámbar fósiles que se logran recuperar hoy en día se encuentran en su gran mayoría en rocas sedimentarias arcillosas, arenosas o carbonáticas (calizas). Estos depósitos son de un grano mucho más fino e involucran mucha menor energía de transporte que los depósitos aluviales de esta escena.

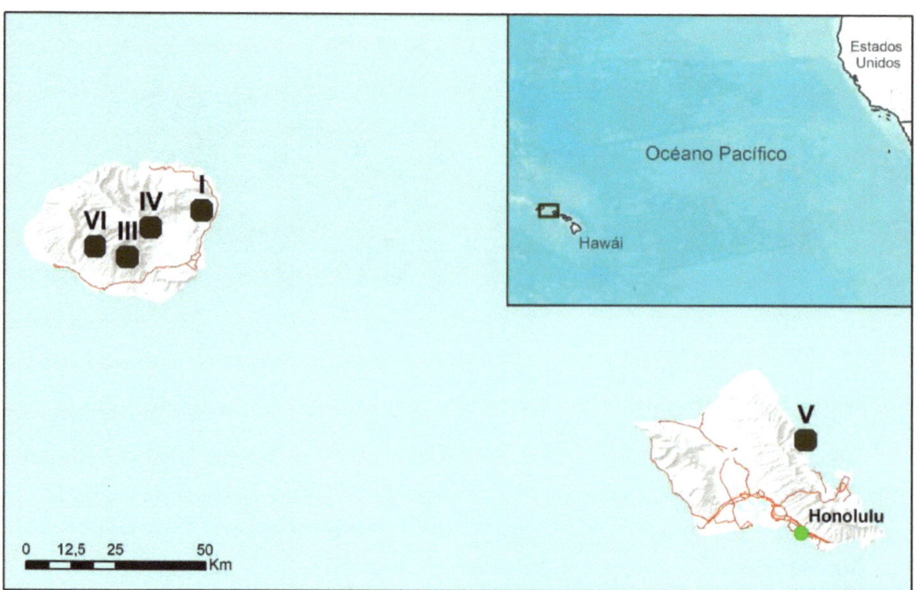

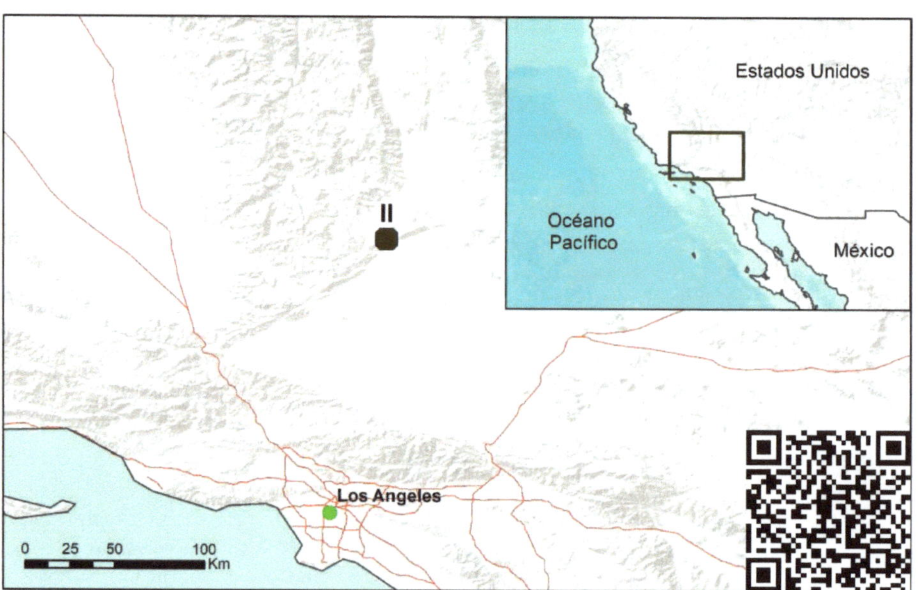

Mapas y código QR con los puntos geográficos en los cuales se filmaron las escenas de esta película mencionadas en este libro.

Locación (Escena II, imagen superior): Parque estatal Red Rock Canyon, EUA. (35°22'22.8"N 117°58'15.6"W)

Otros títulos filmados en esta locación: 163 títulos, entre ellos Bonanza (1959-1973) y Battlestar Galactica (1978–1979)

Según esta escena el Dr. Grant se encuentra desenterrando un fósil de velociraptor en algún lugar de Montana, al norte de EUA. Los velociraptors vivieron entre los 75 a 71 Ma atrás, sin embargo, las rocas sedimentarias que Grant esta excavando no tienen más de 15 Ma y corresponden a tobas, areniscas y conglomerados volcánicos.

La roca tras la cascada corresponde a un tipo de lava denominada basalto. Estas lavas son ricas en hierro y magnesio, y son las rocas volcánicas más comunes, no solo en nuestro planeta, si no que en todo el sistema solar.

Estas lavas en particular tienen una edad aproximada de 2,5 Ma a 400.000 años. El corte vertical de la roca, por donde cae la cascada, se genera por una falla geológica que transcurre por ese lugar.

Locación (Escena III, imagen inferior): Manawaiopuna Falls, Kauai, EUA. (21°59'17.4"N 159°31'33.1"W)

Otros títulos filmados en esta locación: Jurassic World (2015).

En la pantalla de la computadora se muestra un mapa de la isla ficticia en la que se encuentra el parque, la Isla Nublar, la cual estaría ubicada a 190 km de Costa Rica.

Si la isla existiera en la realidad sería una de las tantas islas oceánicas del Pacífico que originalmente fueron volcanes submarinos, pero se desarrollaron hasta el punto de emerger fuera del agua. Su geografía es muy similar a la sección este de la isla Maui.

Localización ficticia de la Isla Nublar: 9°19'49"N 86°51'17"W

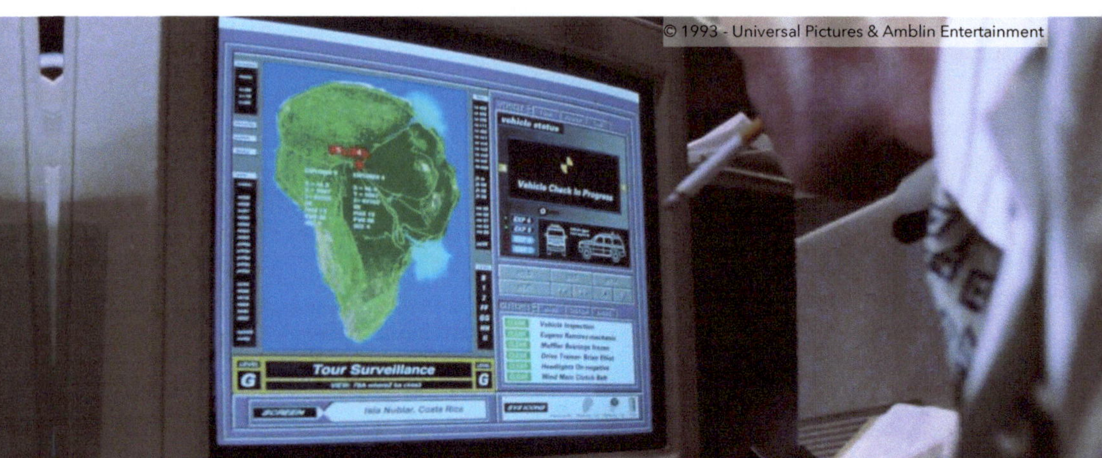

Locación (Escena IV): Reserva forestal Lihue-Koloa, Kauai, EUA. (22°03'44.3"N 159°28'04.5"W)

Tras estas rejas, no solo se esconde el T-Rex, sino que también las lavas basálticas más antiguas que se pueden encontrar en la Isla Kauai. Estas lavas tienen cerca de 5,3 millones de años, no obstante bajo estas hay otras lavas mucho más antiguas que se extienden hasta el fondo oceánico.

Locación (Escena V, imagen superior): Parque estatal Ahupua'a 'O Kahana, O'ahu, EUA. (21°32'06.3"N 157°50'55.2"W)

Otros títulos filmados en esta locación: 13 títulos, entre ellos Jurassic World: (2015) y 50 First Dates (2004)

La escena de la persecución de los Gallimimus fue filmada en la Isla O'ahu, otra de las islas del archipiélago de Hawái.

Esta isla es la segunda más antigua de esta cadena, y en esta escena se observan basaltos de 3 a 1,6 Ma de edad.

Aunque la escena de la cerca eléctrica fue filmada 15 km al suroeste de la Escena IV, en ella se encuentran los mismos basaltos de esa escena, aquellos que correspondían a los más antiguos de la Isla Kauai.

Estas islas están conformadas en un 99 % por sucesiones de lavas basálticas tipo escudo, las cuales tienen muy baja viscosidad permitiéndoles fluir por grandes extensiones de terreno.

Locación (Escena VI, imagen inferior): Cañon Olokele, Kauai, EUA. (22°00'49.0"N 159°36'21.7"W)

Braveheart (1995)

Titulo original: Braveheart
Duración: 178 min
Genero: Biografía, Drama, Historia
Estreno: 18 de mayo de 1995, EUA
Director: Mel Gibson
Guionistas: Randall Wallace
Elenco: Mel Gibson, Sophie Marceau, Patrick McGoohan
IMDB: 8,3

Cuando su novia secreta es ejecutada por agredir a un soldado inglés que intentó violarla, William Wallace comienza una revuelta contra el rey Eduardo I de Inglaterra.

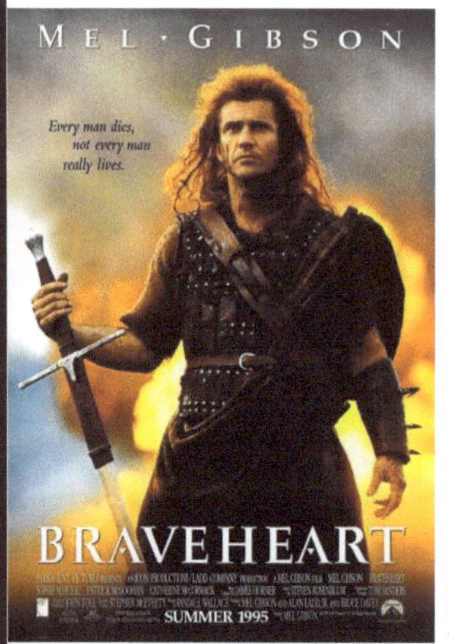

© 1995 - Paramount

Contexto (Escena I, imagen superior): El padre y el hermano de William Wallace se dirigen a luchar contra los soldados ingleses.

Locación: Polldubh, Escocia, Reino Unido (56°47'16.5"N 5°03'06.0"W)

Otros títulos filmados en esta locación: 8 títulos, entre ellos Highlander III: The Sorcerer (1994) y Harry Potter and the Sorcerer's Stone (2001)

¿Podría una película sobre la historia de Escocia ser filmada en otro lugar que no se ahí?.

Braveheart es el ejemplo perfecto en el que la historia y los paisajes representan un conjunto que logra explotar al máximo el potencial narrativo.

Esta película y el Señor de los Anillos, son de los pocos casos en los que se logra esta armónica unión.

El valle glaciar de Glen Nevis fue el lugar escogido para filmar la gran mayoría de las secuencias de esta película.

En ambas escenas, en segundo plano, se alza el Monte Sgurr a'Mhaim. Las rocas de estos montes corresponden a rocas metamórficas de 655 millones de años de antigüedad, denominadas filitas y esquistos micáceos que provienen de sedimentos deformados de antiguas cuencas marinas.

Por regla general, pero no exclusiva, los nombres de las rocas metamórficas se designan según su grado de metamorfismo con respecto a la roca original que representaban.

Locación (Escena II, imagen inferior): Polldubh, Escocia, Reino Unido (56°46'17.5"N 5°01'46.0"W)

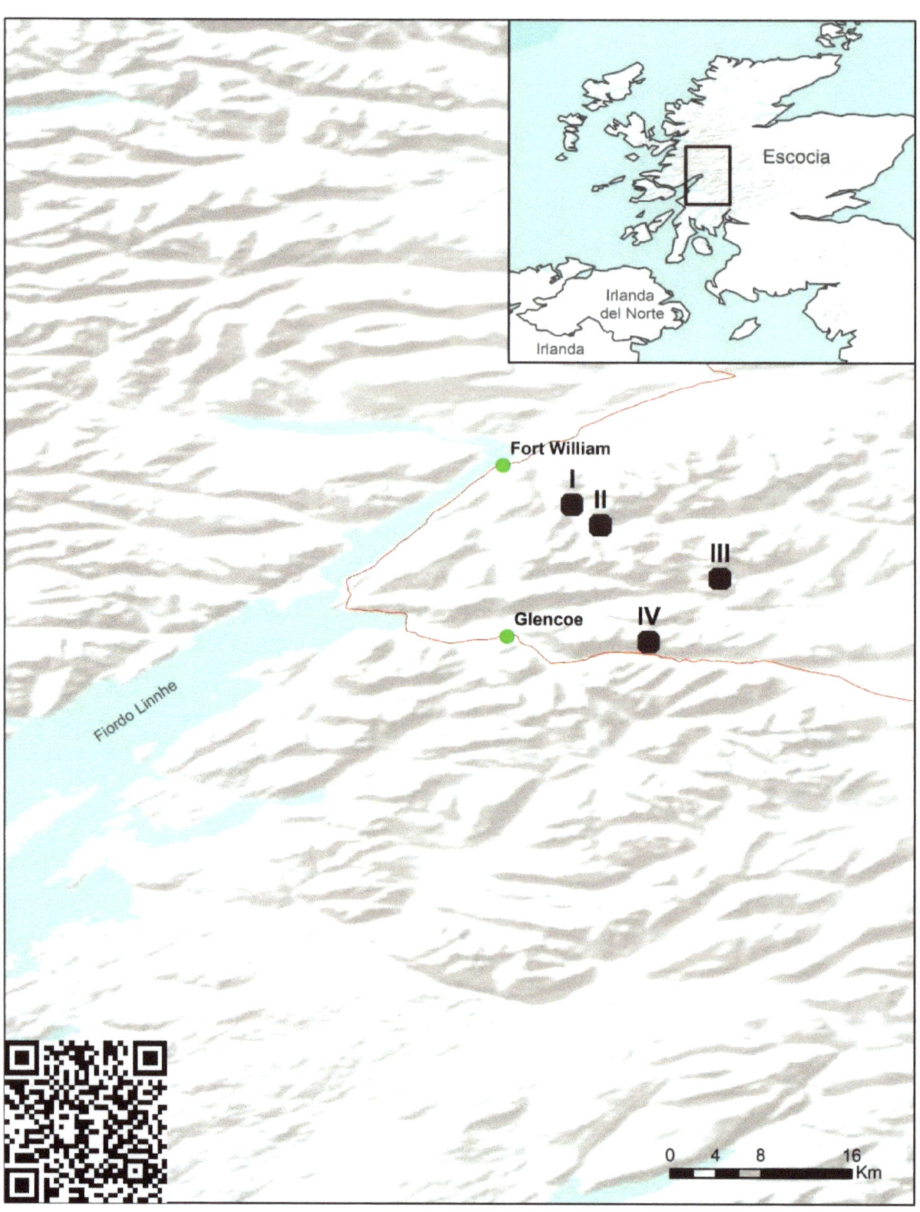

Mapa y código QR con los puntos geográficos en los cuales se filmaron las escenas de esta película mencionadas en este libro.

Locación (Escena III, imagen superior): Kinlochmore, Escocia, Reino Unido (56°43'43.5"N 4°56'04.6"W)

Las rocas metamórficas del Lago Leven son parte de un conjunto más grande de secuencias metamórficas que se encuentra en toda la región norte de Escocia.

Este conjunto de rocas es denominado por los geólogos británicos como Supergrupo Dalradian, y representa diversos tipos de rocas metamórficas que varían en edad entre los 800 a 470 millones de años de antigüedad.

Locación (Escena IV, imagen inferior): Meall Dearg, Escocia, Reino Unido (56°40'40.0"N 4°59'27.2"W)

Independence Day (1996)

Titulo original: Independence Day
Duración: 145 min
Genero: Acción, Sci-Fi
Estreno: 25 de junio de 1996, EUA
Director: Roland Emmerich
Guionistas: Dean Devlin y Roland Emmerich
Elenco: Will Smith, Bill Pullman, Jeff Goldblum
IMDB: 7,0

Una especie extraterrestre pretende invadir y destruir la Tierra, por lo que la humanidad deberá encontrar la forma de combatirlos antes de que esto suceda.

Contexto (Escena I, imagen superior): Naves alienígenas hostiles se aproximan a invadir la Tierra.

Independence Day tiene la característica de que a pesar de contener un excesivo patriotismo estadounidense, no nos molesta en lo absoluto, porque esta es una lucha global, la lucha de todos los países del planeta contra un enemigo común, simplemente contada a través de esta cultura.

Esta película nos enseña paisajes típicos del desierto occidental de EUA, aquellos en los que transcurrió la época del western, pero con un toque actual, con Will Smith bombardeando el Gran Cañón y arrastrando extraterrestres con trajes biomecánicos por los salares de Utah.

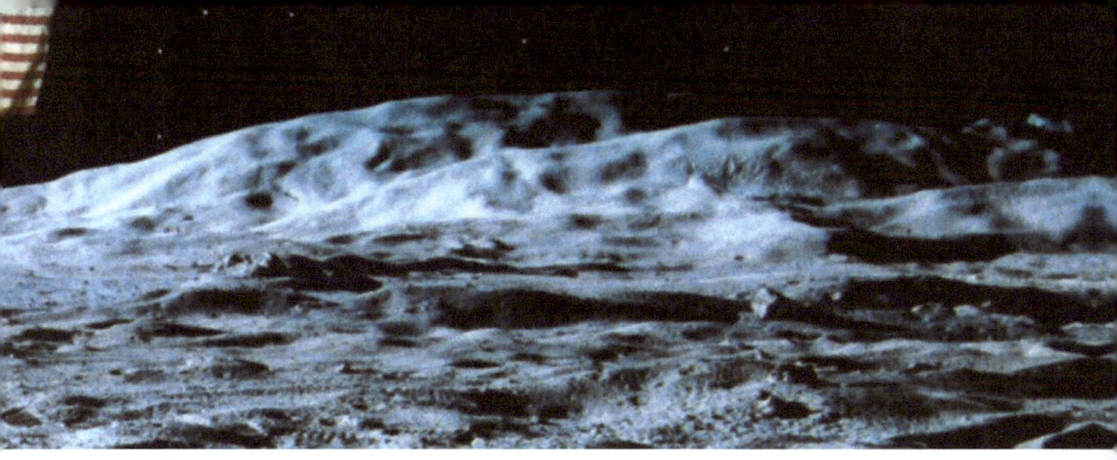

Aunque estas escenas fueron filmadas en un estudio, los paisajes recreados son bastante fieles a los de la Luna real.

El módulo lunar Eagle se encuentra actualmente en el mismo lugar en el que lo dejo la tripulación del Apolo 11 el día 21 de julio de 1969 en el Mar de la Tranquilidad (coordenadas lunares, 0°40'53.18"N 23°27'35.06"E)

La Luna esta conformada principalmente por dos tipos de rocas, los basaltos y las anortositas, las cuales provienen casi directamente del manto lunar debido a la casi inexistente actividad tectónica, muy diferente al caso de la Tierra, en la que la dinámica tectónica permite que se creen una cantidad extraordinaria de tipos de rocas diferentes.

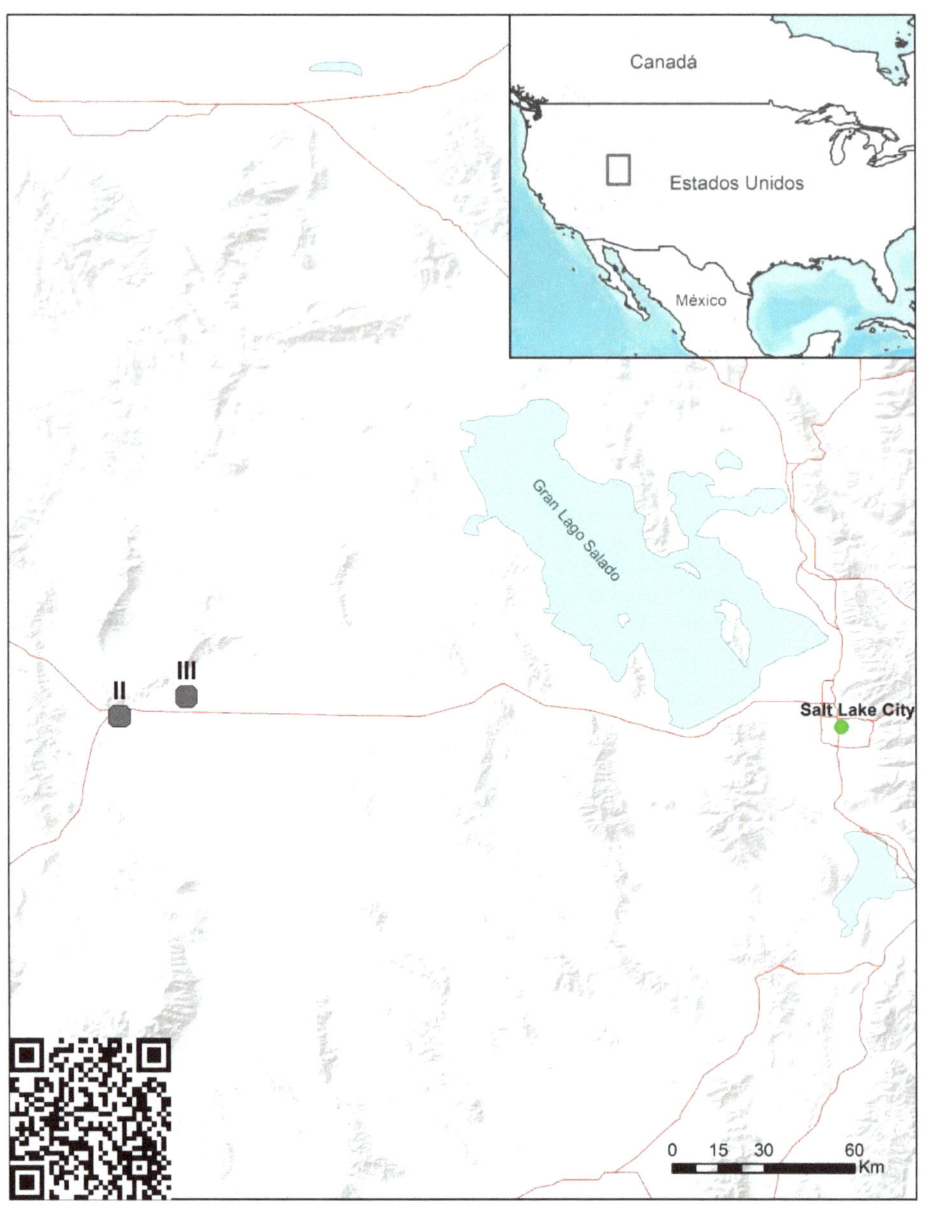

Mapa y código QR con los puntos geográficos en los cuales se filmaron las escenas de esta película mencionadas en este libro.

Locación (Escena II, imagen superior): Aeropuerto Wendover, Utah, EUA. (40°43'35.5"N 114°02'19.0"W)
Otros títulos filmados en esta locación: Birds of Prey (1973)

Las calizas y conglomerados del Monte Goshute, en segundo plano, son el escenario de esta batalla en la supuesta Área 51.

Estas rocas tienen una edad aproximada de entre 480 a 440 millones de años, representando una antigua cuenca marina.

Esta secuencia fue filmada a solo 18 km de la escena anterior, en el Salar de Bonneville, que a su vez representa las últimas etapas geológicas de lo que alguna vez fue el gran Lago de Bonneville, que alcanzó su extensión máxima hace unos 2 millones de años atrás.

Locación (Escena III, imagen inferior): Salar de Bonneville, Utah, EUA. (40°47'10.3"N 113°50'14.3"W)
Otros títulos filmados en esta locación: 49 títulos, entre ellos Con Air (1997), Pirates of the Caribbean: At World's End (2007), Need for Speed (2014), Independence Day: Resurgence (2016).

Cast Away (2000)

Titulo original: Cast Away
Duración: 143 min
Genero: Aventura, Drama
Estreno: 22 de diciembre de 2000, EUA
Director: Robert Zemeckis
Guionistas: William Broyles Jr.
Elenco: Tom Hanks
IMDB: 7,8

Un ejecutivo de FedEx sufre una transformación física y emocional después de que el avión en el que viajaba se estrellara cerca de una isla desierta.

Contexto (Escena I, imagen superior): Chuck Noland descubre que se encuentra perdido en una isla deshabitada luego de sobrevivir a un accidente aéreo.

Locación: Isla Monuriki, Fiyi (17°36'35.4"S 177°02'26.7"E)

La soledad y la autosuficiencia son los protagonistas de este filme.

Las islas tienden a ser los escenarios perfectos para las historias en las cuales las circunstancias humanas están totalmente a merced de la naturaleza y el escape de esa situación es muy difícil o casi imposible.

En estos casos, la geografía y geología de las islas son factores muy influyentes en las posibilidades de supervivencia, determinando zonas de refugios, como cuevas, o la abundancia de vegetación y fauna.

La isla Monuriki es parte de la cadena de islas de Fiyi. En términos geológicos, esta isla puede ser clasificada como una isla volcánica basáltica, y parte de la cadena de islas, que en su conjunto alcanzan más de 100 km de largo, que se formaron como causa de una antigua e extinta zona de subducción entre dos placas tectónicas. Este tipo de islas, formadas en el océano por procesos de subducción se denominan Arco de Islas.

Esta isla, además, está rodeada por arrecifes de coral, por lo que una vez que esta isla se erosione completamente, solo se podrá observar desde la superficie estos arrecifes, siendo estas estructuras denominadas como atolones, que son islas de corales que se construyen sobre islas rocosas más antiguas.

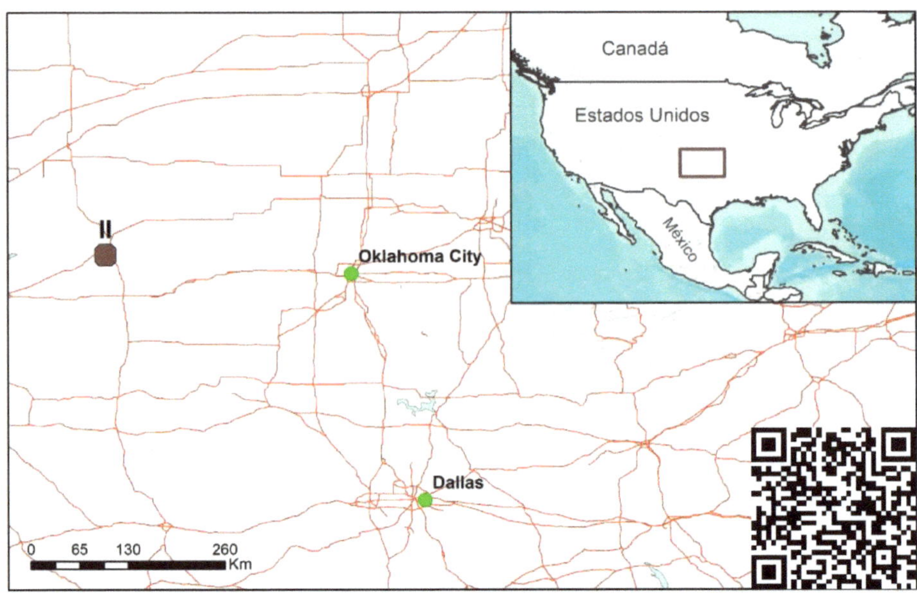

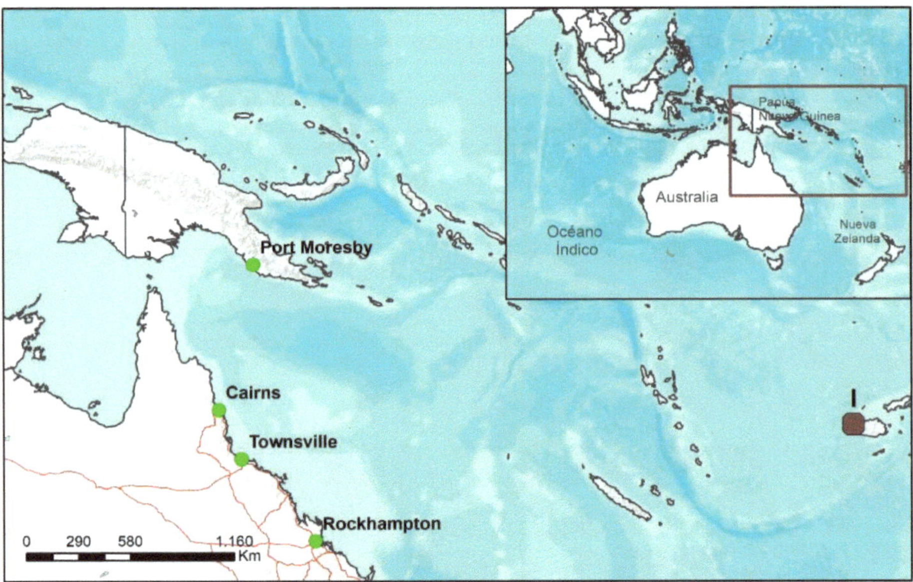

Mapas y código QR con los puntos geográficos en los cuales se filmaron las escenas de esta película mencionadas en este libro.

En ocasiones, las lavas cuando emergen del cráter volcánico entran en contacto con el agua y adoptan ciertas formas en consecuencia a este cambio de medio.

Las formas, o mejor dicho las texturas, más comunes son las denominadas pillow lavas o lavas almohadilladas, que parecen pequeños globos apoyados unos sobre otros. A medida que el flujo de lava avanza, estos globos, simultáneamente, se hacen más grandes y se deforman ligeramente para adaptarse a los que están surgiendo a su alrededor.

Este tipo de fenómeno es muy común en la isla de Hawái, y se puede ver en vivo en la actualidad.

Las zonas planas no son muy frecuentes, geológicamente la manera más común en la que se generan es cuando las cuencas pierden el agua, y los sedimentos quedan expuestos en la superficie.

Otro proceso es cuando las rocas no tan resistentes a la erosión, como las sedimentarias por ejemplo, se erosionan hasta el punto máximo de estabilidad tectónica, en el que el alzamiento y deformación de la corteza no son suficientes para contrarrestar la erosión atmosférica, resultando una corteza superficial casi o totalmente plana, como el caso de esta locación.

Locación (Escena II, imagen inferior): Rancho Arrington, Texas, EUA. (35°42'57.6"N 100°27'06.6"W)

Gladiator (2000)

Titulo original: Gladiator
Duración: 155 min
Genero: Acción, Aventura, Drama
Estreno: 1 de mayo de 2000, EUA
Director: Ridley Scott
Guionistas: David Franzoni, John Logan y William Nicholson
Elenco: Russell Crowe, Joaquin Phoenix
IMDB: 8,5

Un exgeneral romano decide vengarse del emperador corrupto que asesinó a su familia y lo envió a la esclavitud.

Contexto (Escena I, imagen superior): Soldados legionarios se dirigen a la villa de Maximus para asesinar a su familia.

Locación: San Quirico d'Orcia, Siena, Italia (43°04'31.1"N 11°36'37.1"E)

Otros títulos filmados en esta locación: 7 títulos, entre ellos La meglio gioventù (2003)

Gladiator es la ultima gran epopeya romana del cine que se ha realizado en los últimos 20 años, y a pesar de lo común que es en la industria cinematográfica reemplazar paisajes de ciertos países por otros de menor factura de producción, en esta película si se respetaron las verdaderas campiñas italianas, que suponemos, típicas de las villas de la antigua roma.

San Quirico d'Orcia es una zona de campiñas en la región agrícola de la Toscana que se caracteriza por sus aceites, azafrán y vinos tintos de alta calidad.

Las areniscas y calizas con algas fósiles de hace 3,5 millones de años dominan en este paisaje bajo el verde de los campos agrícolas.

La escena más memorable de esta película, en la cual Maximus se reencuentra con su familia después de su propia muerte, fue filmada a solo 5 km de la escena anterior, correspondiendo a la misma geología de esa zona.

Estas zonas proveen condiciones de crecimiento ideales para los viñedos, sin embargo, en primavera estos valles reciben un exceso de agua y en verano periodos moderados de sequia.

Las calizas, al ser rocas impermeables al agua, la pueden contener en acuíferos subterráneos mitigando los efectos estacionales de este tipo de zonas.

Locación (Escena II, imagen inferior): Pienza, Provincia de Siena, Italia (43°04'29.5"N 11°40'05.2"E)

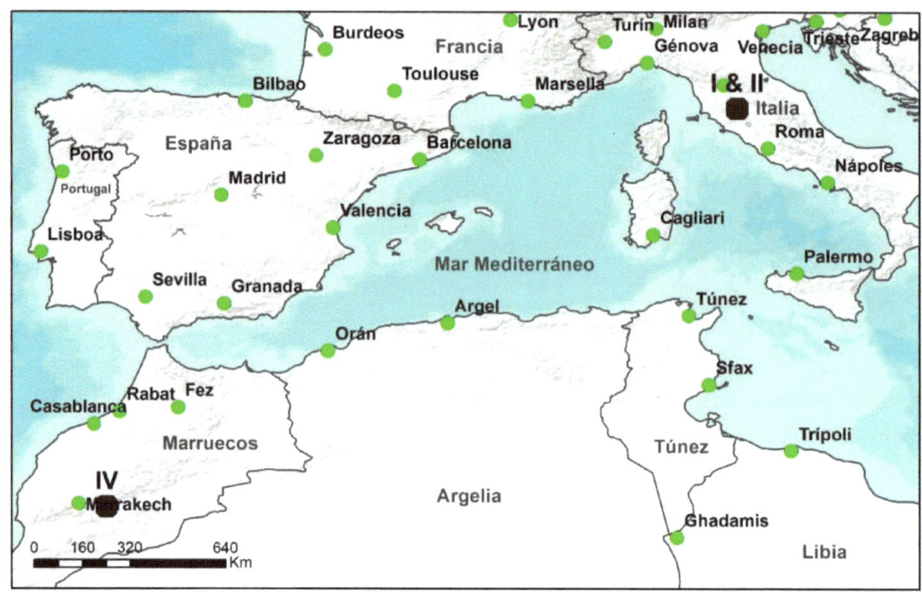

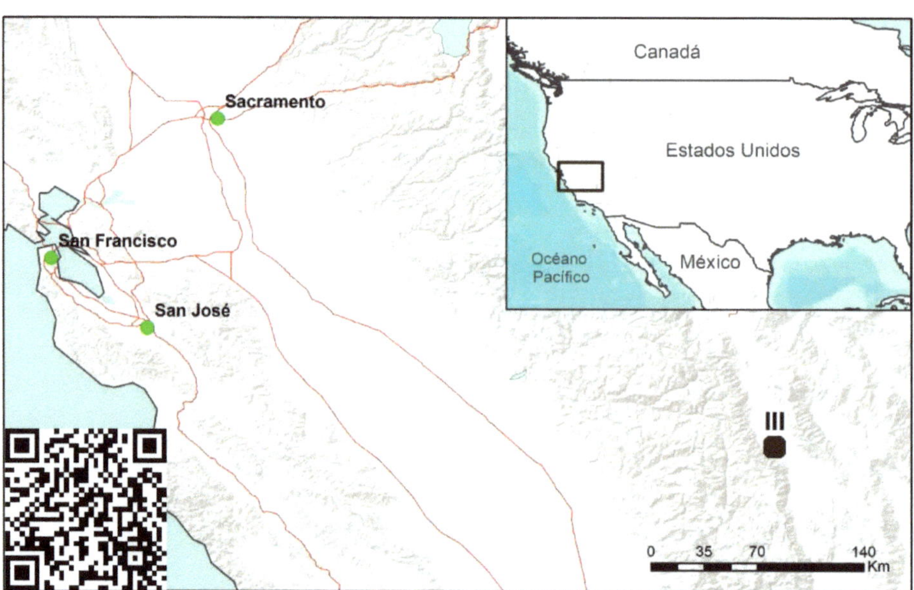

Mapas y código QR con los puntos geográficos en los cuales se filmaron las escenas de esta película mencionadas en este libro.

Locación (Escena III, imagen superior): Lone Pine, California, EUA. (36°35'52.4"N 118°07'26.9"W)
Otros títulos filmados en esta locación: 493 títulos, entre ellos Django Unchained (2012), Firefly (2002–2003), Man of Steel (2013) y Iron Man (2008)

En las afueras del Valle de la Muerte, hacia el oeste, se encuentra el pico montañoso Lone Pine. Esta montaña está conformada completamente por granito con grandes cristales de entre 4 a 8 cm de largo de un tipo de mineral denominado feldespato potásico, el cual se caracteriza por presentar una tonalidad rosada a anaranjada. Este granito tiene una edad aproximada de 83 Ma.

Este pueblo marroquí existe en la realidad y se ubica en la cuenca Ouarzazate del Mioceno (23 a 5 Ma), que consta de más de 1000 m de espesor de sedimentos aluviales, fluviales y lacustres.

Además esta zona se caracteriza por sus numerosas trampas de petróleo en las zonas más profundas de estos sedimentos.

Locación (Escena IV, imagen inferior): Ksar de Ait Ben Hadu, Marruecos (31°03'11.6"N 7°08'28.2"W)
Otros títulos filmados en esta locación: 17 títulos, entre ellos Jesús de Nazareth (1977), Lawrence of Arabia (1962), The Last Temptation of Christ (1988) y The Mummy (1999).

Harry Potter and the Sorcerer's Stone (2001)

Titulo original: Harry Potter and the Sorcerer's Stone
Duración: 178 min
Genero: Aventura, Drama, Fantasía
Estreno: 4 de noviembre de 2001, Londres
Director: Chris Columbus
Guionistas: J.K. Rowling (novela) y Steve Kloves
Elenco: Daniel Radcliffe, Emma Watson, Rupert Grint
IMDB: 7,6

Un niño huérfano es invitado a una escuela de hechicería, donde descubre que heredó poderes mágicos y que existen otros niños similares a él.

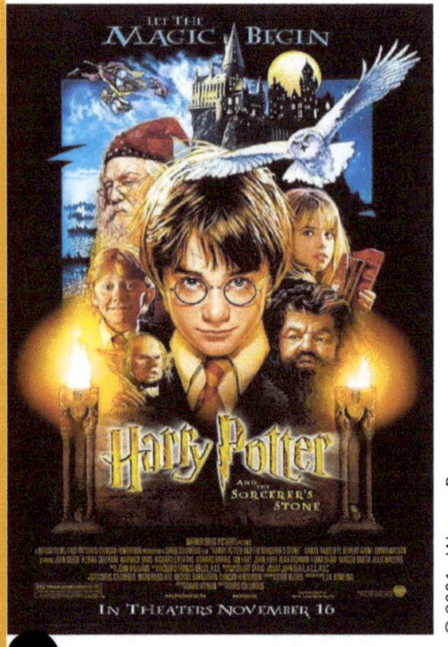

Contexto (Escena I, imagen superior): Se inicia el primer partido de Quidditch del año en Hogwarts y el primero en el que participa Harry Potter.

Locación: Polldubh, Escocia, Reino Unido (56°46'50.5"N 5°02'51.1"W)

Otros títulos filmados en esta locación: 8 títulos, entre ellos Highlander III: The Sorcerer (1994) y Braveheart (1995)

Al igual que Braveheart, una historia británica, debe tener paisajes británicos.

De hecho, el paisaje de esta escena corresponde al antiguo valle glaciar de Glen Nevis y es el mismo en el que se ubicaba la aldea en Braveheart. Sin embargo, en esta película muchas de las escenas en exteriores son reproducciones en maquetas o alteradas digitalmente, por lo que los encantos mágicos británicos en esta ocasión son transmitidos a nosotros a través de una abundancia de escenarios interiores más que exteriores reales.

Si observan con detalle el segundo plano de esta escena, se darán cuenta de que es el mismo monte de la Escena I y II de Braveheart, el Monte Sgurr a'Mhaim.

Si bien el valle de Glen Nevis es el valle glaciar principal, existen pequeños valles que se extienden hacia los lados, como el que esta junto a este monte. Esos valles secundarios se denominan valles glaciares colgantes, debido a que en el momento en que los glaciares se encontraban presentes, la masas de hielo se unían con el glaciar principal en alturas relativamente similares, pero al retirarse todo el hielo, el valle central quedo mucho más profundo que los secundarios, por lo que estos últimos pareciera que colgaran con respecto al valle principal, porque no están a la misma altura.

Locación (Escena II, imagen inferior): Polldubh, Escocia, Reino Unido (56°46'24.5"N 5°02'53.9"W)

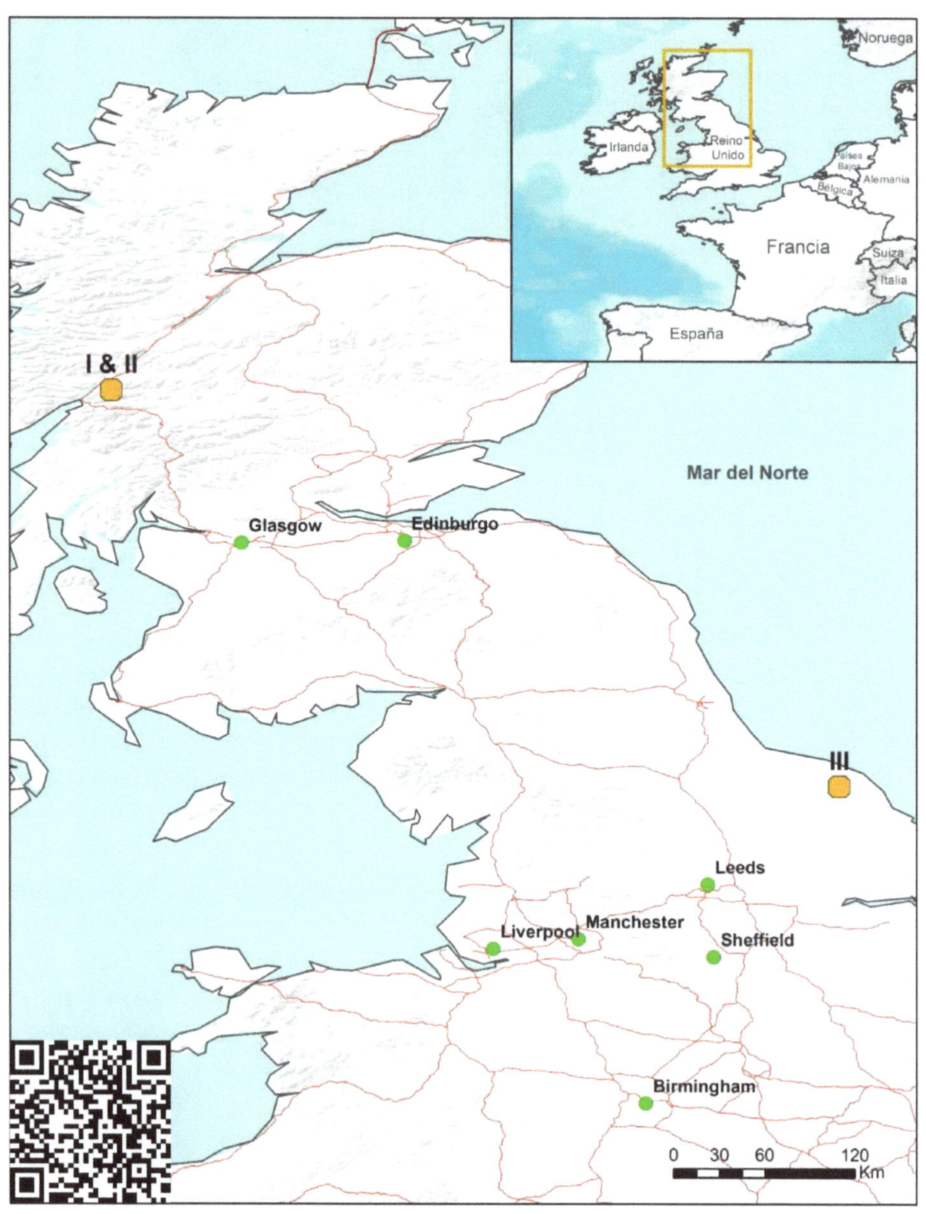

Mapa y código QR con los puntos geográficos en los cuales se filmaron las escenas de esta película mencionadas en este libro.

Locación (Escena III, imagen superior): Estación Goathland, Inglaterra, Reino Unido (54°24'01.9"N 0°42'43.6"W)

Otros títulos filmados en esta locación: 7 títulos, entre ellos Carrington (1995) y Heartbeat (1992–2010)

La estación Goathland fue construida sobre rocas calizas del Jurásico medio (174 a 163 millones de años). Estas calizas tienen la particularidad de contener oolitos, que son pequeñas bolitas de carbonato de calcio que se forman cuando estas moléculas van precipitando alrededor de una partícula mineral preexistente.

Aunque se ve extraordinariamente real, ni el castillo de Hogwarts ni las rocas que lo rodean existen como tal, ni tampoco fueron creados digitalmente, sino que más de 86 artistas construyeron una maqueta escala 1:24 de más de 15 metros de largo.

La maqueta esta basada en una combinación del Castillo de Alnwick y la Catedral de Durham para que los planos generales de Hogwarts coincidieran con las tomas que se hicieron en las locaciones reales de esos castillos, y no existieran incongruencias en el proceso de edición.

The Lord of the Rings: The Fellowship of the Ring (2001)

Titulo original: The Lord of the Rings: The Fellowship of the Ring
Duración: 178 min
Genero: Aventura, Drama, Fantasía
Estreno: 10 de diciembre de 2001, Londres
Director: Peter Jackson
Guionistas: J.R.R. Tolkien (novela), Fran Walsh, Philippa Boyens y Peter Jackson
Elenco: Elijah Wood, Ian McKellen, Orlando Bloom, Viggo Mortensen
IMDB: 8,8

Un hobbit y ocho compañeros emprenden un viaje para destruir el poderoso Anillo Único y salvar a la Tierra Media del Señor Oscuro Sauron.

Contexto (Escena I, imagen superior): Bilbo y Frodo Baggins, portadores del Anillo Único, viven en Hobbiton, el pueblo más antiguo de la Comarca.

Locación: Hinuera Valley, Isla Norte de Nueva Zelanda (37°51'28.0"S 175°40'50.3"E)

Hobbiton representa la pradera ideal, verdes pastizales que cubren suaves lomas en las cuales habitan los hobbits en hogares semienterrados.

A menudo las zonas húmedas y con vegetación abundante ocultan la geología de esos lugares, y las rocas que componen ese paisaje deben ser buscadas en pequeños afloramientos o cortes en el terreno para reconstruir los paleo-paisajes, en este caso secuencias de cenizas volcánicas de entre 600 a 800 mil años, seguido por gravas y arenas de la ultima época glacial hace 20 000 años.

Aunque esta escena representa los límites de la Comarca, la región de la Tierra Media donde habitan los hobbits, el paisaje real no fue filmado cerca del anterior, si no que en la isla sur de Nueva Zelanda.

Estas montañas, constituidas por granitos de 140 a 120 Ma de antigüedad, están moldeadas por la acción erosiva del agua y antiguos glaciares, mientras que la pradera por la que caminan Frodo y Sam son rocas sedimentarias de calizas y areniscas con fragmentos de corales muy antiguos de hace más de 490 millones de años.

Locación (Escena II, imagen inferior): Parque Nacional Abel Tasman, Isla Sur de Nueva Zelanda (40°57'42.5"S 172°53'03.9"E)

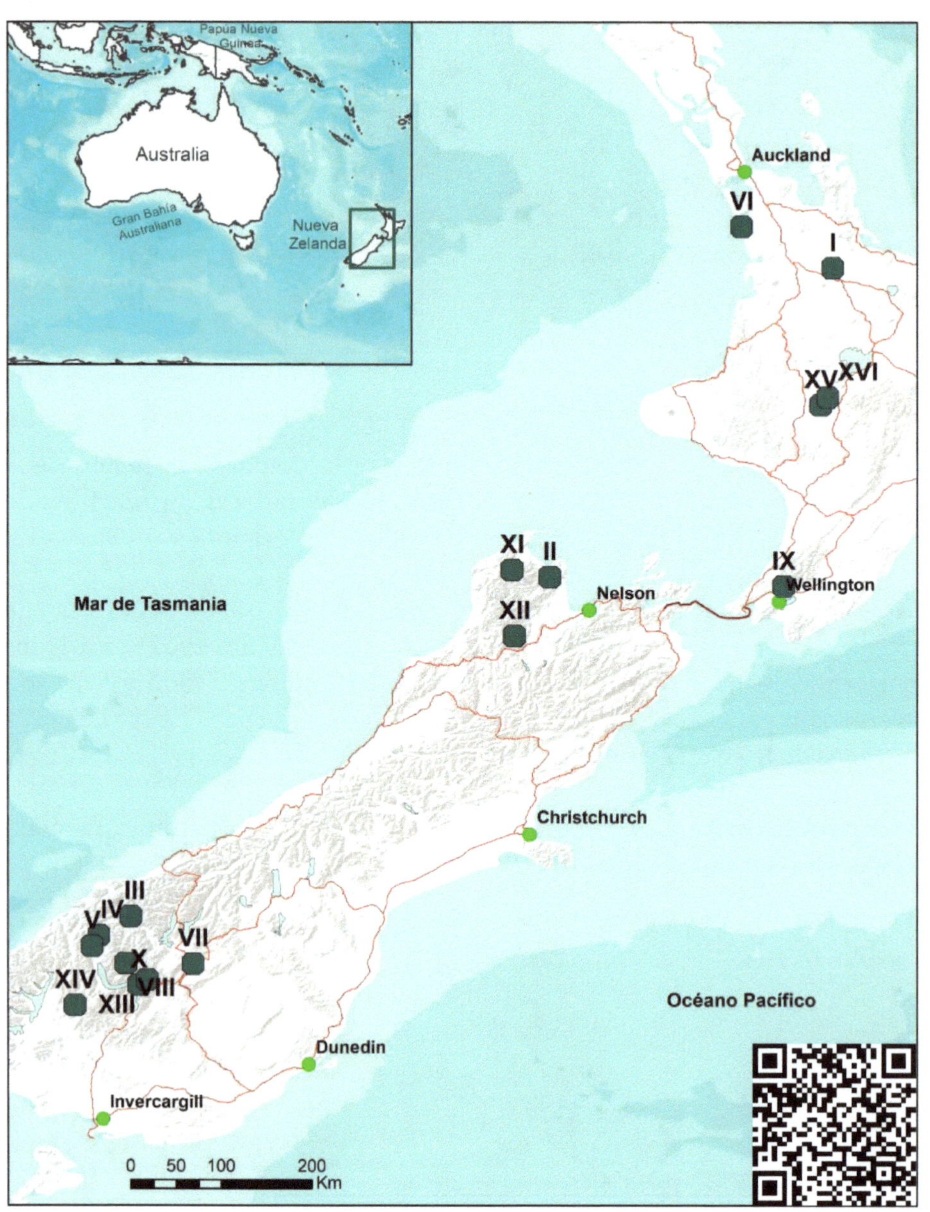

Mapa y código QR con los puntos geográficos en los cuales se filmaron las escenas de esta película mencionadas en este libro.

Locación (Escena III, imagen superior): Monte Aspiring, Isla Sur de Nueva Zelanda (44°22'31.7"S 168°43'57.4"E)

La cueva donde se escondió Gollum por más de cinco siglos esta ubicada en las ficticias Montañas Nubladas (Misty Mountains), que en realidad corresponden a la cadena montañosa del Monte Aspiring, conformada por rocas metamórficas denominadas esquistos verdes y anfibolitas, las cuales son rocas típicas de ambientes de colisión de placas tectónicas.

Treinta kilómetros al suroeste de la escena anterior se filmó esta secuencia sobre el Glaciar Jura.

Aunque las rocas que componen estas montañas son areniscas con componentes volcánicos de entre 280 a 250 Ma de antigüedad, también pertenecen al complejo de rocas metamórficas de la escena anterior.

La mayoría de las rocas metamórficas del mundo fueron, originalmente, rocas sedimentarias.

Locación (Escena IV, imagen inferior): Glaciar Jura, Isla Sur de Nueva Zelanda (44°33'56.5"S 168°24'39.0"E)

El ficticio valle de Isengard tiene elementos paisajísticos modificados digitalmente, sobre todo en la parte central donde se encuentran los jardines de la torre, sin embargo los demás elementos son reales.

La pradera por la que galopa Gandalf está constituida por depósitos arenosos de ríos postglaciales de los últimos 10 000 años, mientras que las montañas en segundo plano son de la de la misma cadena montañosa de la Escena IV.

Locación (Escena V, imagen a continuación): Valle del Monte Somnus, Isla Sur de Nueva Zelanda (44°40'22.6"S 168°20'28.8"E)

Locación (Escena VI, imagen anterior): Weathertop Hollow, Isla Norte de Nueva Zelanda (37°26'39.4"S 174°46'11.1"E)
Otros títulos filmados en esta locación: Yogi Bear (2010) y Crouching Tiger, Hidden Dragon: Sword of Destiny (2016)

Las Torres de Amon Sûl se ubican sobre calizas y areniscas verdes de 30 Ma de antigüedad. Las areniscas verdes deben su nombre a un mineral de ese color que se forma sobre ellas. Este mineral se denomina glauconita, y es característico de ambientes marinos someros.

Locación (Escena VII, imagen superior): Tarras, Isla Sur de Nueva Zelanda (44°51'03.4"S 169°20'57.6"E)

Existen una gran cantidad de viñedos en esta zona debido al clima y las características del suelo que esta constituido principalmente por gravas de valles glaciares de hace más de 20 000 años.

A menudo este tipo de depósitos sedimentarios no solo contienen grandes fragmentos de rocas, sino que también fragmentos muy pequeños, casi invisibles a simple vista, lo que permite a la vegetación aprovechar los minerales de manera más eficiente.

Las rocas de este cañón corresponden a las mismas de la Escena III, la cual se filmó 50 km al norte de este punto.

Es muy común que las rocas metamórficas relacionas a colisión de placas tectónicas generan largos tramos, de cientos a miles de km, de distintas secuencias de este tipo de rocas. Este tipo de estructuras a gran escala se denominan cinturones metamórficos.

Locación (Escena VIII, imagen inferior): Cañon Skippers, Rio Shotover, Isla Sur de Nueva Zelanda (44°50'43.4"S 168°41'03.2"E)

Los paisajes de Rivendell son en su mayoría alterados digitalmente, sin embargo están basados en las zonas ribereñas del Rio Hutt en el Parque Regional Kaitoke.

Las rocas de esta zona corresponden a areniscas y lutitas deformadas de grandes unidades denominadas "Broken Formation" y una edad de entre 200 a 142 Ma.

Locación (Escena IX, imagen a continuación): Parque Regional Kaitoke, Isla Norte de Nueva Zelanda (41°03'25.0"S 175°11'36.3"E)
Otros títulos filmados en esta locación: The Tribe (1999–2003) y Good for Nothing (2011).

Locación (Escena X, imagen anterior): Lago Alta, Isla Sur de Nueva Zelanda (45°03'41.7"S 168°48'44.4"E)

Los Picos de Doble Cono del Lago Alta son el escenario en el que se filmó esta secuencia.

A pesar de estar a más de 60 km al sureste de la Escena IV, las rocas aquí observadas son las mismas, e incluso recorren casi completamente toda la Isla Sur de Nueva Zelanda.

Locación (Escena XI, imagen superior): Monte Olympus, Parque Nacional Kahurangi, Isla Sur de Nueva Zelanda (40°53'27.3"S 172°30'39.4"E)

La tonalidad grisácea moteada de estas rocas es muy común en los granitos.

A menudo la cima de los montes constituidos por rocas graníticas son redondeados debido a que estas no solo se erosionan de forma física, sino que también química, donde los minerales expuestos a la intemperie comienzan a ser alterados químicamente volviéndose menos resistentes al medio.

En la Escena II, Frodo y Sam caminan por una pradera en la que las rocas originales están cubiertas por la vegetación, sin embargo aquí se pueden observar claramente esas mismas rocas sin ninguna cobertura encima de ellas.

Las grandes extensiones de rocas calizas son evidencia de antiguas cuencas marinas, pero debido a la constante dinámica de la corteza estas cuencas, después de millones de años, son alzadas hasta niveles superficiales de la corteza continental.

Locación (Escena XII, imagen inferior): Monte Owen, Parque Nacional Kahurangi, Isla Sur de Nueva Zelanda (41°33'22.9"S 172°32'08.3"E)

Los Pilares de los Reyes se ubican muy cerca del puente Kawaru, el cual fue removido digitalmente para esta escena.

Las rocas del acantilado en este río son las mismas de las escenas III y VIII, y tienen una edad geológica de 270 Ma.

Locación (Escena XIII, imagen a continuación): Puente Kawarau, Rio Kawarau, Isla Sur de Nueva Zelanda (45°00'37.4"S 168°53'43.8"E)

Locación (Escena XIV, imagen anterior): Lago Mavora, Isla Sur de Nueva Zelanda (45°15'59.6"S 168°10'24.6"E)

El pico rocoso y la cascada que se observan en el horizonte no existen en la realidad, fueron agregados digitalmente al paisaje natural del Lago Mavora, el cual esta en una cuenca rocosa de areniscas y lutitas esquistosas de 280 Ma de antigüedad.

Locación (Escena XV, imagen superior): Centro de Esquí Whakapapa, Monte Ruapehu, Isla Norte de Nueva Zelanda (39°14'06.9"S 175°33'31.3"E)

La ladera norte del Volcán Ruapehu es el escenario elegido por Peter Jackson para representar las Colinas de Emyn Muil.

Aunque este paisaje esta modificado digitalmente, está representado en su esencia por las coladas de lavas andesíticas y los depósitos piroclásticos de este volcán de 25 000 años de edad.

El Monte Doom (Monte del Destino), donde fue forjado el anillo único, está inspirado en el Volcán Ngauruhoe, ubicado a solo 10 km del Volcán Ruapehu.

Este volcán es muy joven y no tiene más de 2000 años de edad y está formado por flujos de lavas andesíticas basálticas y depósitos piroclásticos.

Locación (Escena XVI, imagen inferior): Volcán Ngauruhoe, Isla Norte de Nueva Zelanda (39°09'25.0"S 175°37'53.9"E)

Pirates of the Caribbean: The Curse of the Black Pearl (2003)

Titulo original: Pirates of the Caribbean: The Curse of the Black Pearl
Duración: 143 min
Genero: Aventura, Acción, Fantasía
Estreno: 28 de junio de 2003, EUA
Director: Gore Verbinski
Guionistas: Ted Elliott, Terry Rossio, Stuart Beattie y Jay Wolpert
Elenco: Johnny Depp, Keira Knightley, Orlando Bloom
IMDB: 8,0

El herrero Will Turner y el pirata Jack Sparrow se alían para salvar a la hija del gobernador de muertos vivientes piratas.

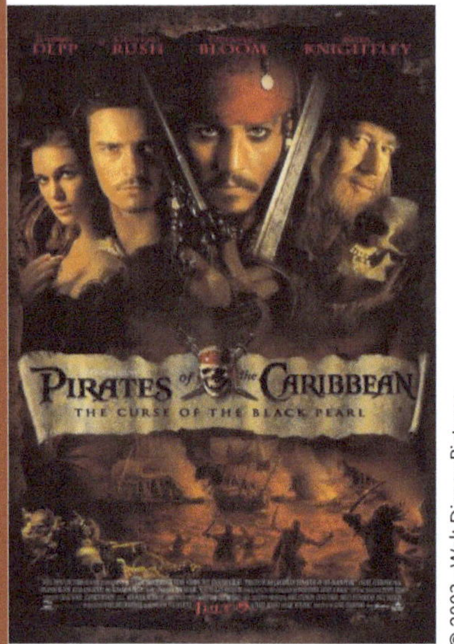

Contexto (Escena I, imagen superior): Elizabeth Swann prende fuego a los barriles de ron que Jack Sparrow tenía escondidos en la isla.

Locación: Isla Petit Tabac, San Vicente y las Granadinas (12°37'23.7"N 61°20'53.3"W)

Los escenarios de Piratas del Caribe son tal cual como nos imaginaríamos en una película con ese nombre. Paisajes caribeños de playas blancas e islas de formas extrañas.

La isla Petit Tabac es una de las cinco islas deshabitadas de los Cayos de Tobago, y al igual que la Isla Monuriki de Cast Away también corresponden a una serie de arrecifes de coral.

Sin embargo, antes de ser arrecifes, fueron islas volcánicas del denominado Arco Volcánico de las Antillas Menores, cuyo origen se produjo por la colisión entre la placa tectónica del Atlántico contra la placa del Caribe, donde la primera placa es subducida bajo la última.

Este arco marino está conformado por antiguos depósitos de fragmentos de rocas volcánicas erosionadas y que fueron arrastradas hasta esa posición por ríos y aluviones de esa época. Este tipo de secuencias sedimentarias se denominan depósitos volcanoclásticos.

Cuando los geólogos no observan evidencias directas de los antiguos volcanes de una región, estos depósitos sirven como evidencia indirecta de su existencia, y en casos muy particulares se puede llegar a reconstruir toda la paleogeografía de una zona con solo estudiar los fragmentos de rocas.

Locación (Escena II, imagen inferior): Bahia Wallilabou, San Vicente y las Granadinas (13°15'05.7"N 61°16'22.9"W)

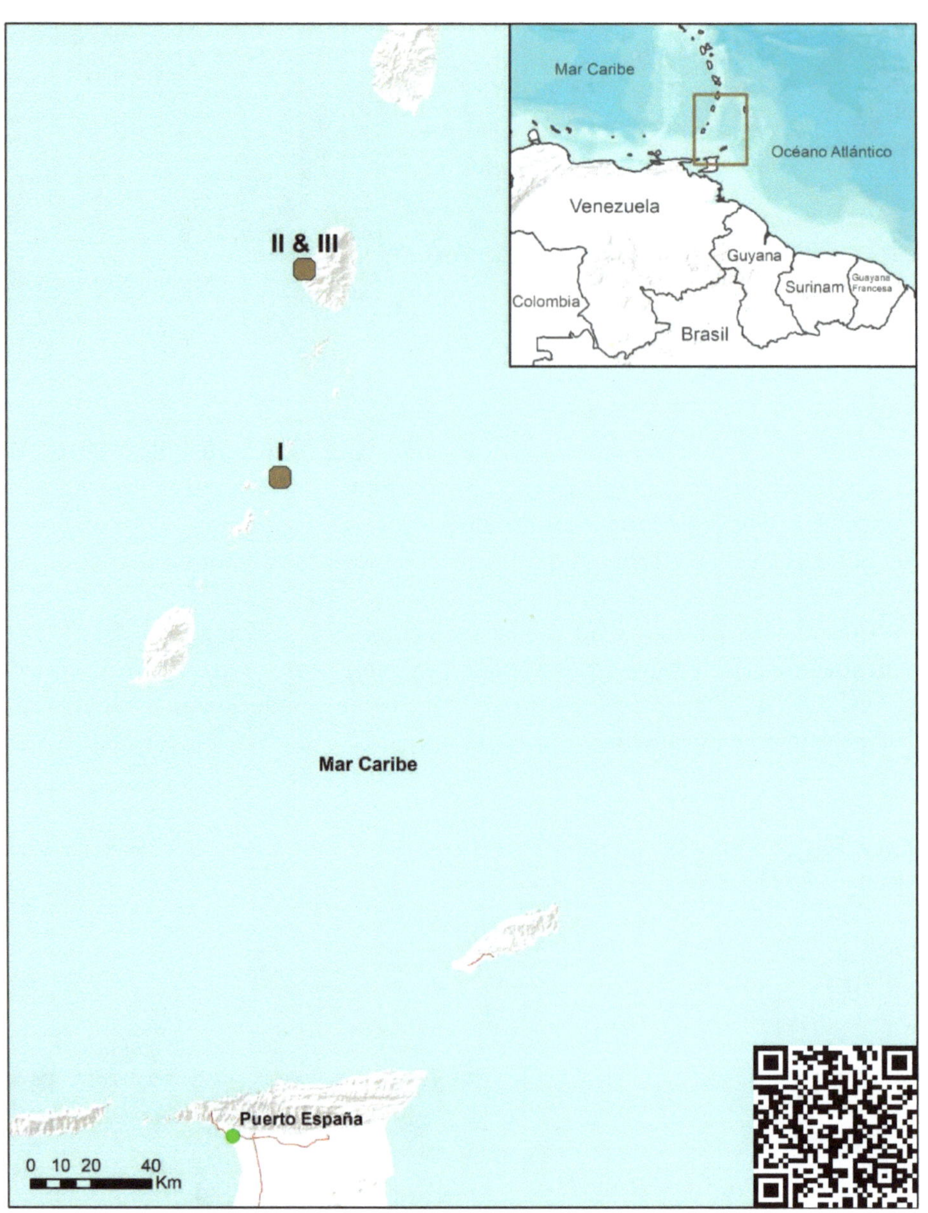

Mapa y código QR con los puntos geográficos en los cuales se filmaron las escenas de esta película mencionadas en este libro.

Debido a las complicaciones técnicas de filmar en una cueva real, el equipo tuvo que construir una lo más realista posible, por lo que más de 100 carpinteros construyeron una durante más de cinco meses a base de espuma de poliestireno y yeso, sumado a un tanque de agua de un metro de profundidad, siendo este uno de los escenarios de estudio más grandes que se han construido en Hollywood.

En algunas secuelas posteriores de esta película sí se ocuparon algunos escenarios reales de cuevas. La mayoría de ellas están ubicadas en Kauai, la misma isla de Jurassic Park.

En esta escena se tuvo que añadir digitalmente un fuerte similar al de la versión real de Port Royal del siglo XVIII.

Aunque la construcción es falsa, las rocas sobre las que se asienta son reales y existen tal cual en esa locación y la mayoría corresponde a depósitos de flujos piroclásticos del extinto volcán Grand Bonhomme, cuya última erupción fue hace 1,2 millones de años atrás.

Locación (Escena III, imagen inferior): Bahia Wallilabou, San Vicente y las Granadinas (13°14'54.1"N 61°16'13.3"W)

Into the Wild (2007)

Titulo original: Into the Wild
Duración: 148 min
Genero: Aventura, Drama, Biografía
Estreno: 1 de septiembre de 2007, EUA
Director: Sean Penn
Guionistas: Jon Krakauer (novela biográfica) y Sean Penn
Elenco: Emile Hirsch, Vince Vaughn, Catherine Keener
IMDB: 8,1

Después de graduarse de la universidad, Christopher McCandless comienza un viaje en autostop a Alaska. En el camino, Christopher se encuentra con una serie de personajes que lo ayudarán en su travesía.

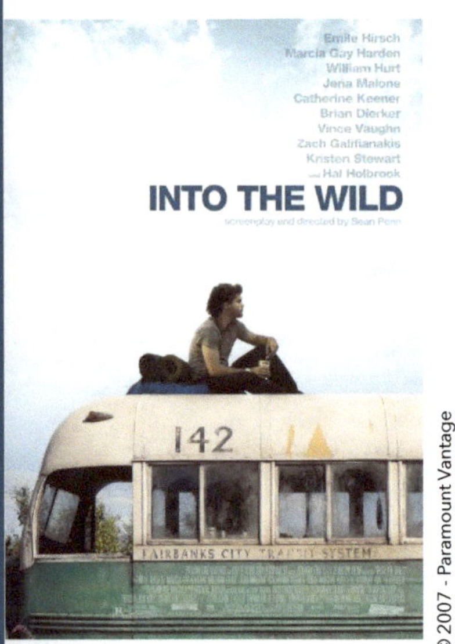

© 2007 - Paramount Vantage

Contexto (Escena I, imagen superior): Alexander Supertramp llega a Alaska al punto culmine de su viaje por EUA.

Locación: Cantwell, Alaska, EUA. (63°21'27.6"N 148°51'24.9"W)

Esta película, basada en la historia real de Christopher McCandless, nos lleva a un viaje en autostop a través de algunos paisajes icónicos de EUA. Aunque en este filme, Alaska se lleva el premio mayor.

Las escenas finales transcurren en su mayoría en la rivera del río Jack. Este tipo de ríos de alta montaña transportan sedimento y grandes fragmentos de rocas a través de toda una región, para finalmente depositar este material en los lagos o en el mar, y generar arena para las playas de esos lugares, e incluso estos sedimentos se adentran en el fondo marino, por lo que la roca que estuvo en la cima de una montaña puede terminar en el fondo del mar en unos pocos miles de años.

Aunque la verdadera locación de este bus está junto al río Sushana (63°52'06.2"N 149°46'09.5"W), se utilizó un bus idéntico en una zona más accesible para el equipo de producción. En junio de 2020 el bus original tuvo que ser retirado del lugar con un helicóptero de carga debido a la cantidad de turistas que se perdían, accidentaban e incluso morían tratando llegar a él.

El cordón montañoso en segundo plano es parte del sistema cordillerano Alaska Range que a su vez es parte del Cinturón de Fuego del Pacífico, sin embargo, actualmente no existe ningún volcán activo, y solo quedan los antiguos remanentes de las cámaras magmáticas de estos volcanes en la forma de rocas graníticas. El granito es el producto del enfriamiento extremadamente lento del magma dentro de la cámara magmática.

Locación (Escena II, imagen inferior): Cantwell, Alaska, EUA. (63°21'34.8"N 148°51'40.5"W)

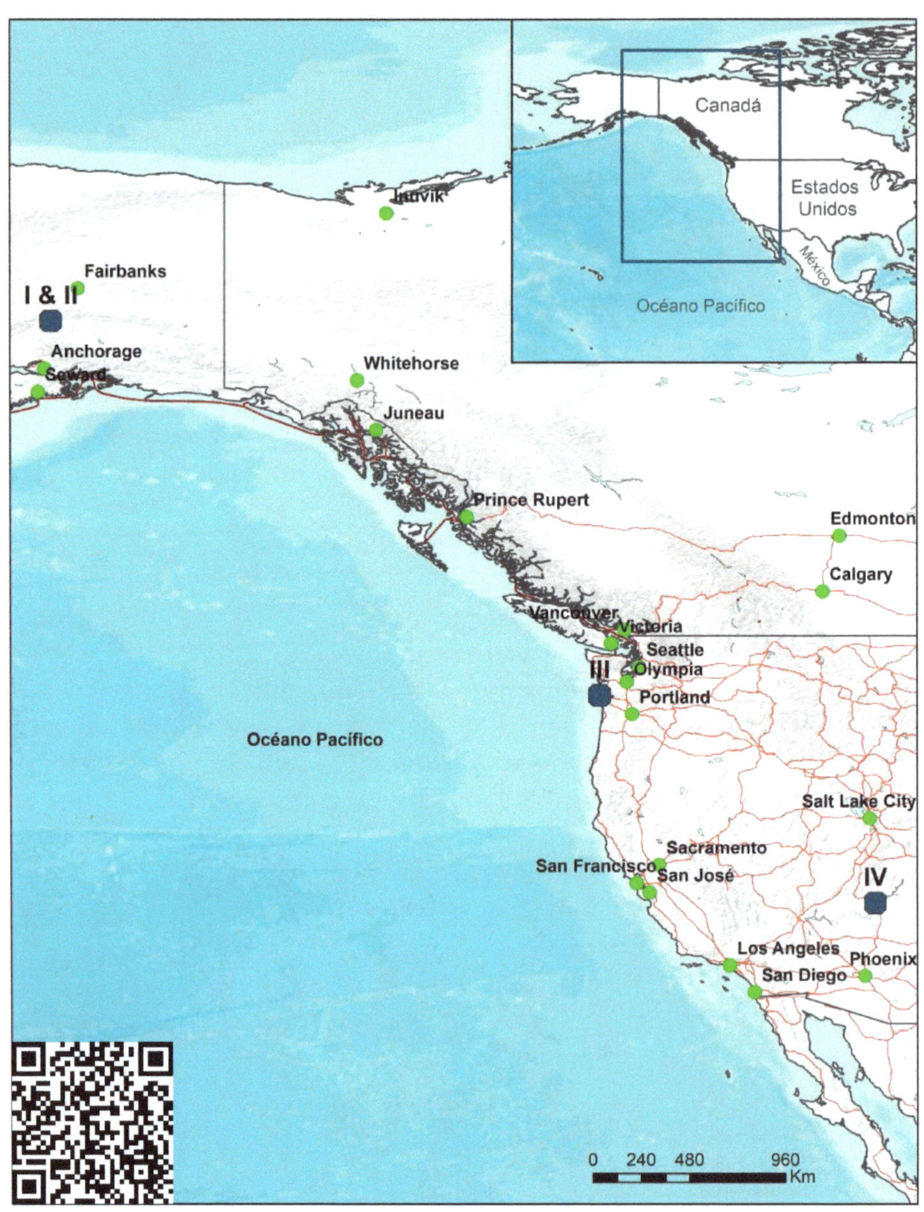

Mapa y código QR con los puntos geográficos en los cuales se filmaron las escenas de esta película mencionadas en este libro.

Locación (Escena III, imagen superior): Beards Hollow, Washington, EUA. (46°18'10.1"N 124°04'28.1"W)

Otros títulos filmados en esta locación: 4 títulos, entre ellos The Nest (1988) y Billabong Odyssey (2003)

Las rocas de la playa Beards Hollow corresponden a secuencias bandeadas de gabros y basaltos del Eoceno (56-34 Ma).

Químicamente los gabros y basaltos pueden ser exactamente iguales, pero la diferencia visual (textural) esta en el tiempo de cristalización de cada roca. Los gabros cristalizan muy lentamente por lo que sus minerales internos son mucho más grandes que los de los basaltos.

Estas estructuras son parte de la Formación Kaibab, la cual consta de rocas calizas y limolitas que fueron parte de un antiguo mar tropical poco profundo en la costa oeste del supercontinente Pangea hace 270 millones de años atrás.

Pangea es el último supercontinente en la historia de la Tierra, sin embargo, antes han existido otros cinco supercontinentes llamados Ur (3.000 Ma), Kenorland (2.500 Ma), Columbia (2.000-1.800 Ma), Rodinia (1.100-760 Ma) y Pannotia (600 Ma).

Locación (Escena IV, imagen inferior): Cañon Marble, Arizona, EUA. (36°50'30.5"N 111°37'56.3"W)

Iron Man (2008)

Titulo original: Iron Man
Duración: 126 min
Genero: Acción, Sci-Fi
Estreno: 14 de abril de 2008, Australia
Director: Jon Favreau
Guionistas: Mark Fergus, Hawk Ostby, Art Marcum, Matt Holloway, Stan Lee, Don Heck, Larry Lieber y Jack Kirby
Elenco: Robert Downey Jr., Gwyneth Paltrow, Terrence Howard
IMDB: 7,9

Después de permanecer cautivo en una cueva afgana, el ingeniero multimillonario Tony Stark crea una armadura para escapar de esa situación.

Contexto (Escena I, imagen superior): Anthony Stark realiza una demostración en Afganistán de los nuevos misiles Jericó desarrollados por Industrias Stark.

Locación: Alabama Hills, California, EUA. (36°35'23.5"N 118°09'29.0"W)

Otros títulos filmados en esta locación: 372 títulos, entre ellos Gladiator (2000), Firefly (2002-2003), Django Unchained (2012) y Man of Steel (2013)

Iron Man es la primera entrega de la exitosa franquicia del universo cinematográfico de Marvel, que hasta la fecha consta de 23 películas.

Las montañas de Alabama Hills son uno de los escenarios estadounidenses más recurrentes en el cine, solo vuelvan hacia atrás y comparen esta escena con la Escena III de Gladiator (2000) y la Escena II de Django Unchained (2012).

Si bien las laderas rocosas que se observan en esta escena existen en la realidad, la entrada de la cueva fue añadida digitalmente al paisaje.

Estas rocas corresponden a tobas soldadas de hace 168 millones de años. Las tobas son rocas compuestas de ceniza volcánica y fragmentos de rocas, vidrio y minerales provenientes de una erupción volcánica. Cuando estos fragmentos se depositan a través de flujos piroclásticos que descienden por las laderas de los volcanes, comienzan a compactarse y unificarse, es decir, las pequeñas partículas de vidrio (cenizas) que están calientes al momento de la depositación comienzan a enfriarse y pegarse unas con otras, generando una única gran roca denominada, en términos generales, toba soldada.

Locación (Escena II, imagen inferior): Keeler, California, EUA. (36°30'59.4"N 117°49'34.8"W)

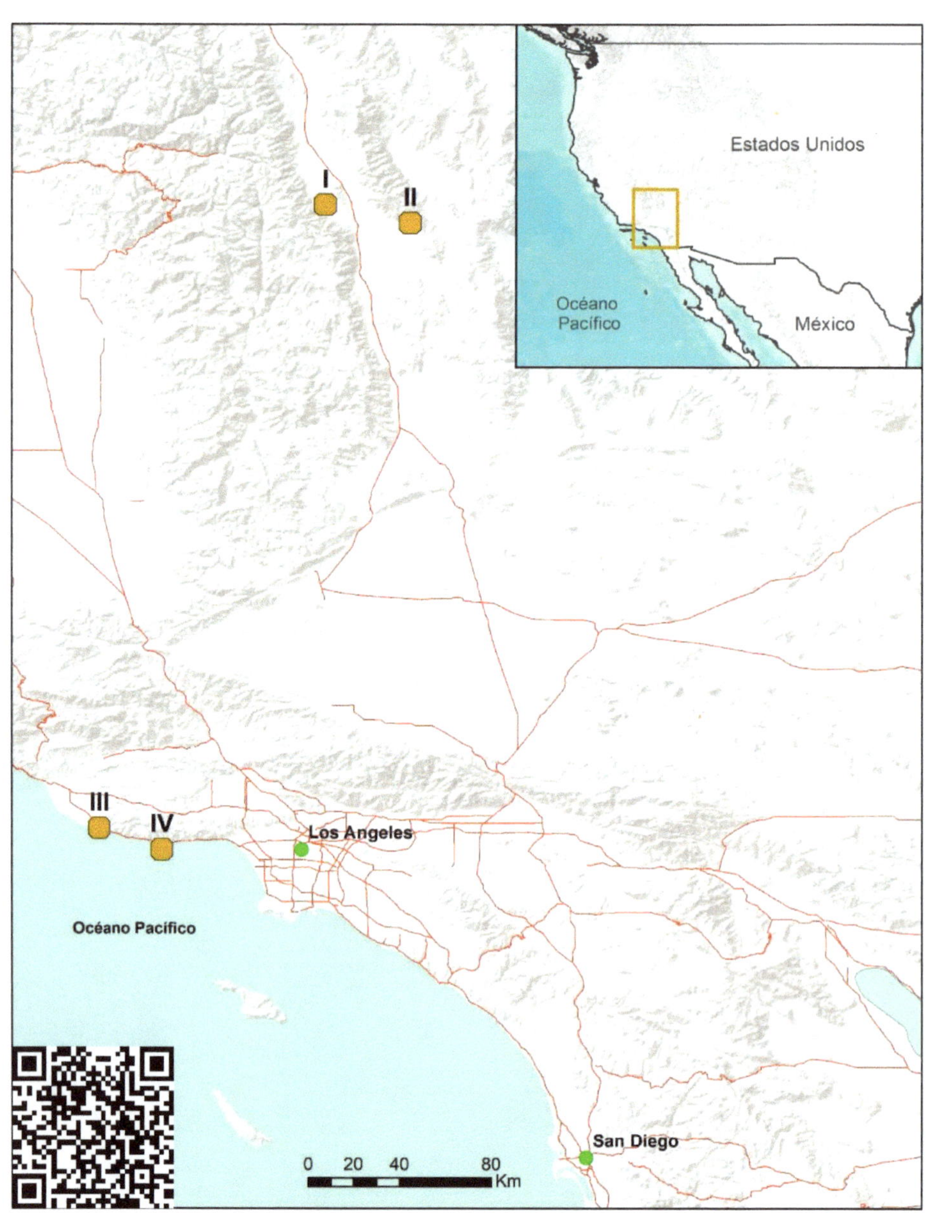

Mapa y código QR con los puntos geográficos en los cuales se filmaron las escenas de esta película mencionadas en este libro.

Locación (Escena III, imagen superior): Point Mugu, California, EUA. (34°05'10.7"N 119°03'31.6"W)

Esta carretera fue construida en 1937 a través de rocas pizarrosas que tienen entre 23 a 13 millones de años de edad.

La pizarra es un tipo de roca metamórfica de bajo grado, esto quiere decir que la roca original, que corresponde a una roca sedimentaria marina de grano muy fino, fue alterada ligeramente debido a la presión y temperatura que ejerció la corteza sobre ella cuando estos sedimentos se encontraban confinados a grandes profundidades.

Este promontorio está conformado por basaltos intercalados con rocas sedimentarias marinas de una edad similar a las rocas de la escena anterior.

Este tipo de secuencias son muy comunes en ambientes donde se están generando cuencas marinas nuevas muy cerca del cordón o arco volcánico que impera en esa zona.

Locación (Escena IV, imagen inferior): Point Dume, Malibú, California, EUA. (34°00'03.1"N 118°48'21.0"W)

Otros títulos filmados en esta locación: 66 títulos, entre ellos Charlie's Angels (1976-1981), The Big Lebowski (1998), The Strange Case of H.P. Lovecraft (2004) y Iron Man 2 (2010)

Django Unchained (2012)

Titulo original: Django Unchained
Duración: 165 min
Genero: Drama, Western
Estreno: 11 de diciembre de 2012, EUA
Director: Quentin Tarantino
Guionistas: Quentin Tarantino
Elenco: Jamie Foxx, Christoph Waltz, Leonardo DiCaprio
IMDB: 8,4

Con la ayuda de un cazarrecompensas alemán, un esclavo liberado se dispone a rescatar a su esposa del brutal propietario de una plantación de Mississippi.

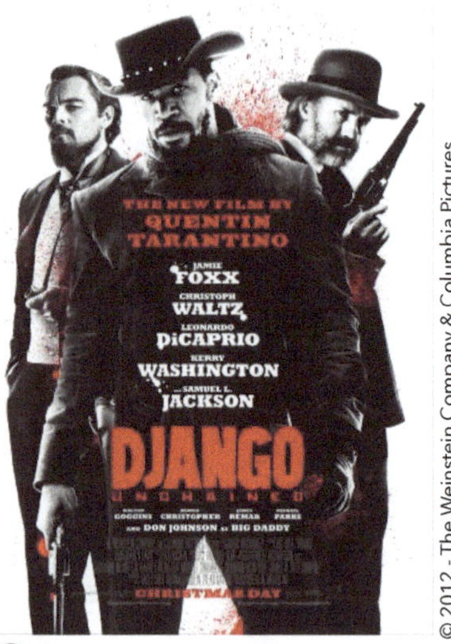

Contexto (Escena I, imagen superior): Un grupo de afroamericanos son capturados como esclavos, entre los que se encuentra Django, en los años previos al estallido de la Guerra Civil norteamericana.

Locación: Alabama Hills, Lone Pine, EUA. (36°36'14.4"N 118°07'01.5"W)

Otros títulos filmados en esta locación: 372 títulos, entre ellos Gladiator (2000), Firefly (2002–2003), Iron Man (2008) y Man of Steel (2013)

Esta película es el primer spaghetti western que realiza Tarantino, logrando con este estilo enfocar el relato en la crudeza de la esclavitud en EUA, algo que comúnmente no se muestra en el cine hollywoodense debido, según Tarantino, a la vergüenza que ello representa para su país.

Los paisajes a su vez logran captar la esencia de lo brutal y salvaje de este periodo en el que la ley no puede penetrar aun en las zonas más agrestes y desérticas de Estado Unidos.

El complejo granítico de Alabama Hills, de entre 85 a 82 Ma, está conformado principalmente por granitoides del tipo monzogranito con múltiples diques aplíticos y pegmatíticos.

Los monzogranitos son rocas que están compuestas principalmente por tres minerales en similares proporciones, los cuales son el cuarzo, plagioclasa y feldespatos potásicos. Por otra parte, los diques son estructuras que cortan a otras rocas previamente existentes, y se originan cuando el magma en profundidad es inyectado a presión a través de las fracturas que se encuentran en todas las rocas circundantes a la cámara magmática.

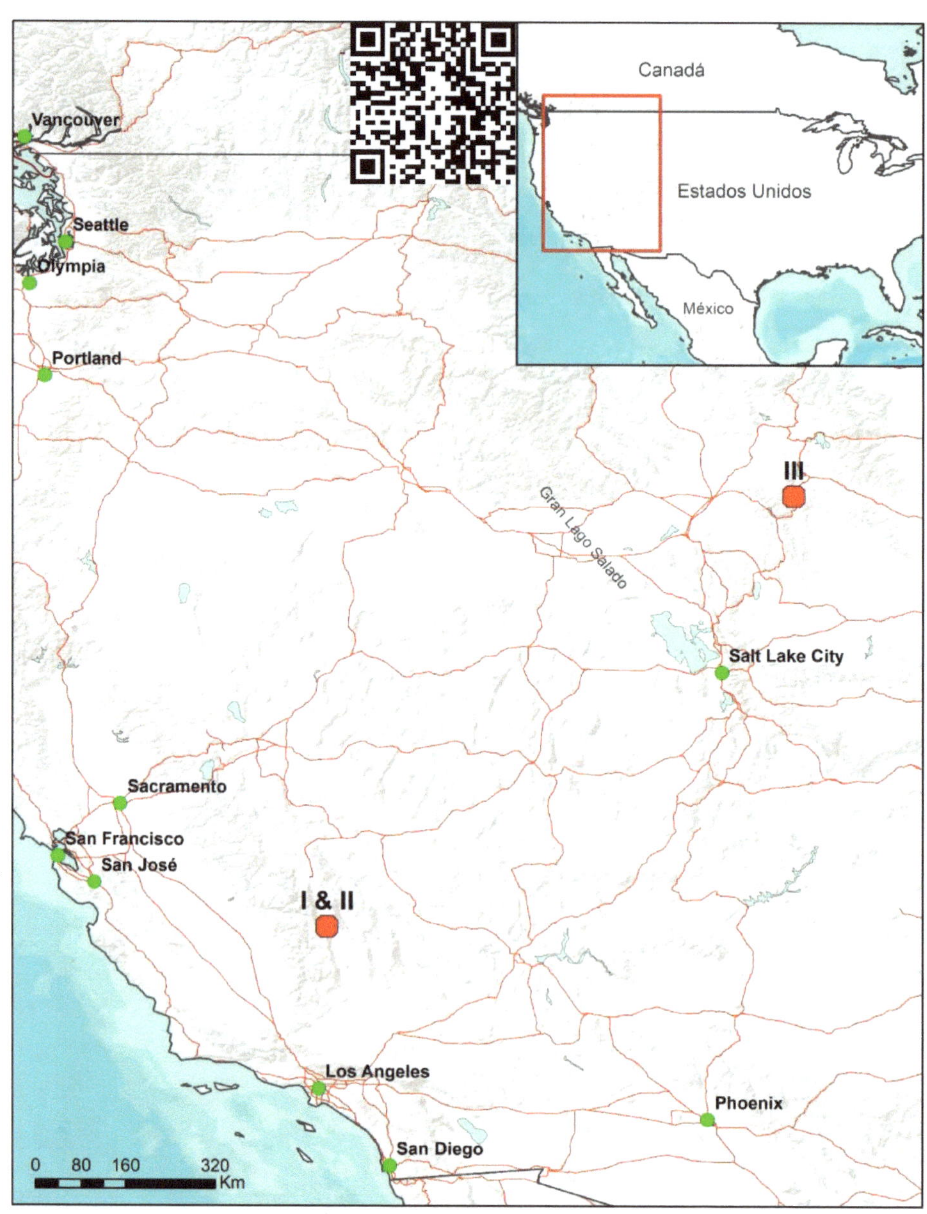

Mapa y código QR con los puntos geográficos en los cuales se filmaron las escenas de esta película mencionadas en este libro.

Locación (Escena II, imagen superior): Lone Pine, California, EUA. (36°36'10.2"N 118°09'47.6"W)

Otros títulos filmados en esta locación: 493 títulos, entre ellos Gladiator (2000), Firefly (2002–2003), Man of Steel (2013) y Iron Man (2008)

Si esta montaña les parece familiar, es porque es exactamente la misma de la Escena III de Gladiator (2000) y fue filmada en el mismo valle de la Escena I a tan solo 4 km de distancia.

Las rocas cuarzo-monzoníticas de la cadena montañosa Grand Teton, son unas de las más antiguas de EUA con 2450 millones de años de antigüedad, ¡prácticamente la mitad de la edad de la Tierra!

Locación (Escena III, imagen inferior): Jackson, Wyoming, EUA. (43°31'55.2"N 110°45'03.5"W)

Otros títulos filmados en esta locación: 75 títulos, entre ellos Rocky IV (1985) y Dances with Wolves (1990).

Interstellar (2014)

Titulo original: Interstellar
Duración: 169 min
Genero: Drama, Sci-Fi
Estreno: 26 de octubre de 2014, EUA
Director: Christopher Nolan
Guionistas: Jonathan Nolan, Christopher Nolan
Elenco: Matthew McConaughey, Jessica Chastain, Matt Damon
IMDB: 8,6

Un grupo de astronautas viaja a través de un agujero de gusano en el espacio para buscar nuevos planetas habitables y asegurar la supervivencia de la humanidad.

Contexto (Escena I, imagen inferior): El Dr. Mann envía una falsa señal de habitabilidad para este planeta el cual es visitado, después de varios años, por los astronautas Cooper, Dr. Brand y Romillya.

Locación: Glaciar Svínafellsjökull, Parque Nacional Vatnajökull, Islandia (64°00'17.8"N 16°51'36.9"W)

Otros títulos filmados en esta locación: Batman Begins (2005) y Game of Thrones - Temporada 2 (2012)

Aunque en la película este paisaje gélido representa algún tipo de nubes congeladas, la verdad es que corresponde al glaciar Svínafellsjökull.

Si bien los glaciares son en su mayoría blancos, debido al hielo y la nieve, muchos se tiñen de negro o colores oscuros debido a las partículas de roca que caen sobre ellos desde las zonas más altas de las montañas que circundan al glaciar, llegando incluso a quedar completamente cubiertos por rocas.

La granja de los Cooper está emplazada en un valle creado por la acumulación de depósitos sedimentarios de afluentes y deltas provenientes del Lago Mackenzie, cuando este era un gran lago glaciar hace unos 10.000 años atrás.

Los depósitos de sedimentos caóticos, donde los tamaños de las partículas de minerales y rocas son muy diversos, son lugares ideales para la agricultura ya que generan suelos planos y la vegetación puede aprovechar mejor los nutrientes minerales debido a esta diversidad de tamaño de las partículas. Suelos compactos y de un mismo tamaño de partículas tienden a ser más difíciles de penetrar para las raíces, aunque esto depende del tipo de vegetación.

Locación (Escena II, imagen inferior): Pekisko, Canadá (50°24'23.5"N 114°12'15.7"W)

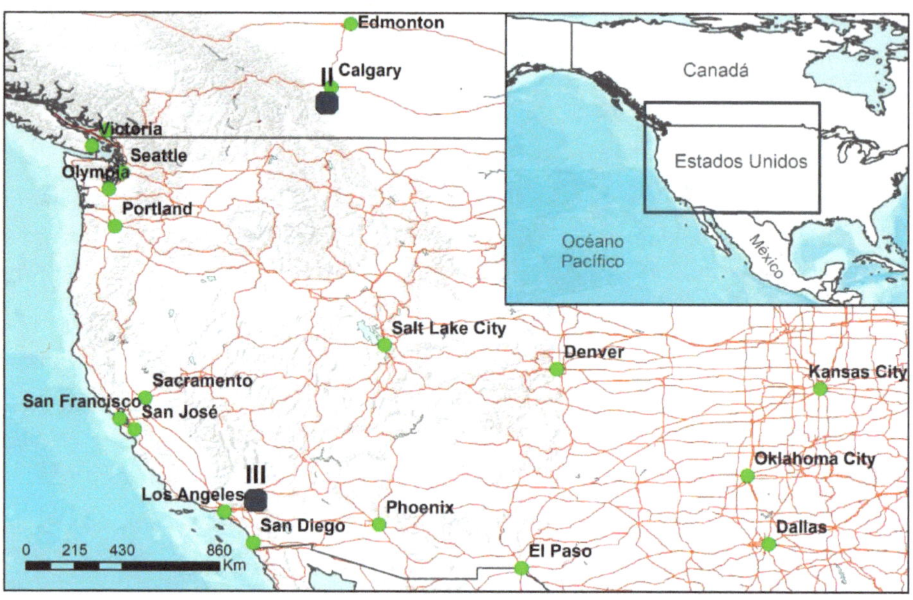

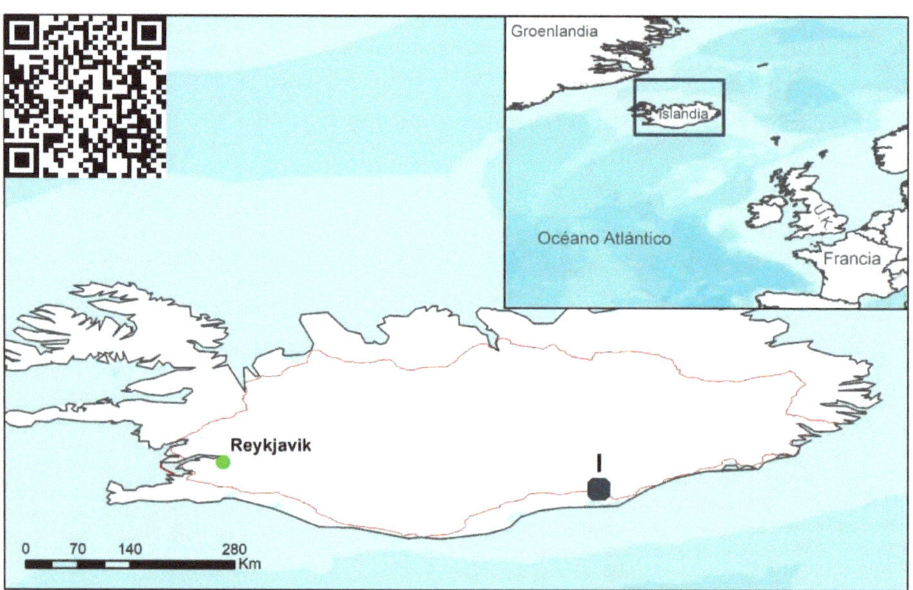

Mapas y código QR con los puntos geográficos en los cuales se filmaron las escenas de esta película mencionadas en este libro.

Locación (Escena III, imagen superior): Valle Lucerne, California, EUA. (alrededor de este punto, 34°27'23.9"N 117°01'23.2"W)

El ficticio planeta de Edmunds está ambientado en el desértico valle de Lucerne en California.

Los grandes bloques de rocas que se observan en primer plano corresponden a un tipo de roca ígnea denominado monzonita cuarcífera, tipo de roca que es próxima a la familia de los granitos.

Estas rocas en particular tiene una edad geológica aproximada de entre 220 a 200 Ma.

El planeta Tierra es uno de los cuatro planetas rocosos de este sistema solar, junto con Mercurio, Venus y Marte. Los demás planetas corresponden a la categoría de gaseosos, debido a que su núcleo rocoso es muy inferior, en proporción, a su tamaño total.

Locación (Escena IV, imagen inferior): Planeta Tierra, Sistema Solar, Galaxia Vía Láctea (Brazo espiral de Orión a 28.000 años luz del centro de la galaxia).

Otros títulos filmados en esta locación: 1.541.054 títulos. Largometrajes (516.726), Cortometrajes (681.067), Series de TV (164.061), Largometrajes de TV (126.206), Especiales de TV (17.747), Mini-series de TV (25.886), Cortos de TV (9.361).

The Revenant (2015)

Titulo original: The Revenant
Duración: 156 min
Genero: Aventura, Acción, Biografía
Estreno: 16 de diciembre de 2015, EUA
Director: Alejandro G. Iñárritu
Guionistas: Mark L. Smith, Alejandro G. Iñárritu y Michael Punke (Novela)
Elenco: Leonardo DiCaprio, Tom Hardy, Domhnall Gleeson
IMDB: 8,0

Un hombre de la frontera es abandonado por los miembros de una expedición de comercio de pieles de la que es parte luego de ser atacado por un oso.

Contexto (Escena I, imagen superior): Hugh Glass continua la búsqueda de sus compañeros de caza luego de que lo abandonaran y asesinaran a su hijo.

Locación: Lago Spray, Alberta, Canadá (50°56'07.0"N 115°19'23.3"W)

Solo con esta película, Emmanuel Lubezki, director de fotografía, ganó 16 premios por mejor cinematografía, incluyendo los premios Oscars.

En esta escena, el Monte Nestor a la derecha y el Monte Shark en el fondo, se alzan sobre el lago Spray mostrando sus múltiples secuencias sedimentarias de calizas, dolomías, lutitas y areniscas del Carbonífero temprano (360-330 Ma), indicando la presencia de una cuenca marina que sufrió, en varias ocasiones, cambios en el nivel del mar en ese momento. Este tipo de detalles es inferido por los geólogos estudiando como se distribuyen los distintos tipos de secuencias sedimentarias.

El Fuerte Kiowa está ubicado en las proximidades del Monte Goat. Este monte está junto al Monte Nestor, el mismo de la escena anterior, por lo que está constituido por las mismas secuencias geológicas.

Como fue mencionado anteriormente, los antiguos cambios en el nivel del mar son estudiados a través de los distintos tipos de secuencias sedimentarias. Esto es posible debido a que el sedimento está conformado por pequeñas partículas de rocas y minerales, mientras más pequeñas son esas partículas más adentro de la cuenca pueden llegar, y por el contrario, partículas más grandes serán más difíciles de transportar y estarán en zonas cercanas a la costa.

Locación (Escena II, imagen inferior): Canmore, Alberta, Canadá (51°01'48.8"N 115°24'42.4"W)

Otros títulos filmados en esta locación: 52 títulos, entre ellos The Assassination of Jesse James by the Coward Robert Ford (2007) e Interstellar (2014).

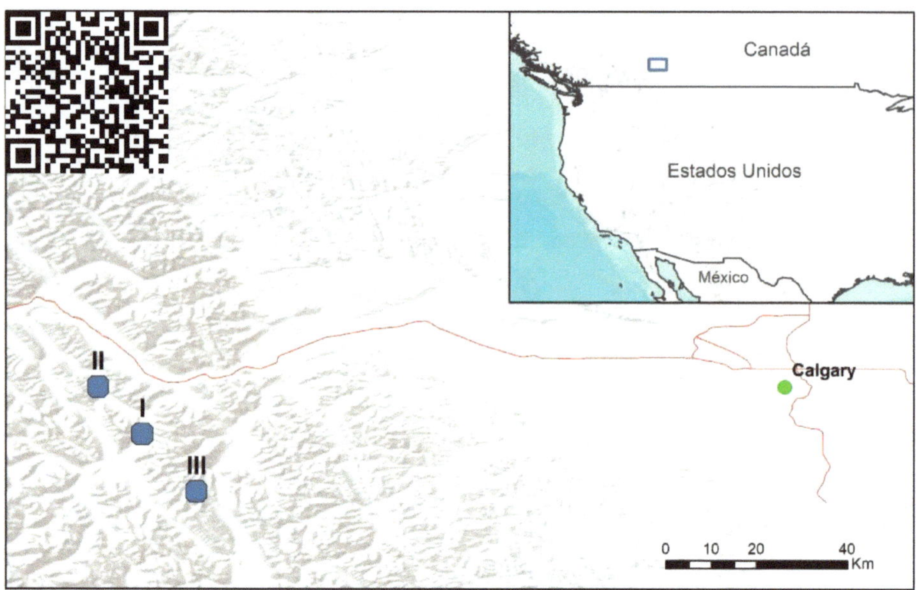

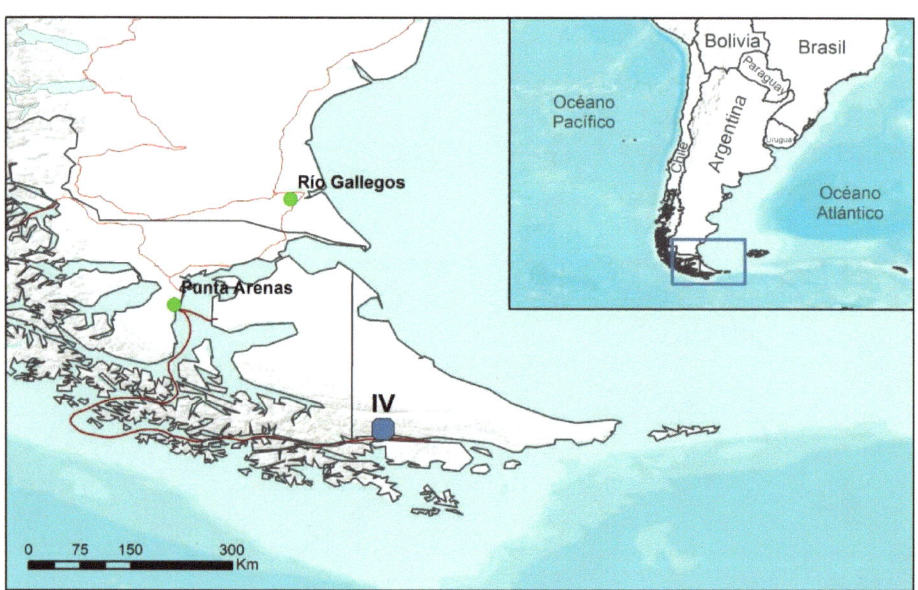

Mapas y código QR con los puntos geográficos en los cuales se filmaron las escenas de esta película mencionadas en este libro.

Locación (Escena III, imagen superior): Monte James Walker, Kananaskis, Canadá (50°49'11.2"N 115°12'51.1"W)
Otros títulos filmados en esta locación: 4 títulos, entre ellos Inception (2010)

Las calizas deformadas del Monte James Walker tienen una edad de entre 380 a 360 millones de años.

Este escarpe perfectamente vertical, y que permite ver las secuencias de calizas, es originado por una falla geológica, llamada Sulphur Mountain Thrust que separa y alza ese lado de la montaña con respecto al plano desde el que lo vemos.

Debido a la intensidad del invierno en Alberta (Canadá), la escena final de la película tuvo que ser filmada en otro lugar, por lo que se escogió un punto cercano a la cuidad de Ushuaia en la Patagonia argentina.

El Cerro Cinco Hermanos, en segundo plano, y las rocas que acompañan al Río Olivia son parte de la Formación Yaghan, constituida por sedimentos marinos levemente metamorfizados de hace 145 a 100 Ma. El nombre de esta formación proviene del nombre que se le daba al pueblo originario de esta zona de la Patagonia.

Locación (Escena IV, imagen inferior): Río Olivia, Ushuaia, Argentina (54°45'07.1"S 68°11'50.3"W)

1917 (2019)

Titulo original: 1917
Duración: 119 min
Genero: Drama, Guerra
Estreno: 4 de diciembre de 2019, Reino Unido
Director: Sam Mendes
Guionistas: Sam Mendes y Krysty Wilson-Cairns
Elenco: Dean-Charles Chapman, George MacKay, Daniel Mays
IMDB: 8,3

Durante la Primera Guerra Mundial, dos soldados británicos deben infiltrarse en territorio enemigo para entregar un mensaje que podría salvar a miles de compañeros.

Contexto (Escena I, imagen superior): Soldados británicos se alistan para enfrentar una batalla que el soldado Schofield debe prevenir entregándole un mensaje al Coronel Mackenzie.

Locación: Shrewton, Salisbury, Reino Unido (Alrededor de esta área, 51°10'57.8"N 1°56'53.8"W)

Otros títulos filmados en esta locación: 74 títulos, entre ellos GoldenEye (1995), Thor: The Dark World (2013), Transformers: The Last Knight (2017) y No Time to Die (2020)

El impresionante trabajo de edición de esta película esta tan perfectamente ejecutado que probablemente, en un principio, ni siquiera nos demos cuenta de que no todas las escenas están filmadas en tomas continuas.

Los elementos geológicos y geográficos siempre han sido trascendentales para ejecutar las distintas estrategias de batalla que se han llevado acabo a lo largo de la historia. Es por esto que debido a la falta de relieve en el sur de Inglaterra fue necesario cavar trincheras para generar un falso relieve y poder ocultarse del enemigo.

La escena final de esta película transcurre en una serie de trincheras refulgentemente blancas. Este color proviene de la composición calcárea de estas rocas y que son parte de la Formación North Downs que se extiende por todo el sureste de Inglaterra.

Estas rocas calcáreas se denominan Creta y están compuestas de los restos de microorganismos calcáreos llamados cocolitos que vivieron en los mares cálidos del Cretácico superior (~70 millones de años).

Uno de los paisajes naturales más famosos de Inglaterra, los Acantilados Blancos de Dover, están conformados por estas mismas rocas a pesar de que la distancia entre esta locación y los Acantilados de Dover es de más de 230 km. Se estima que la acumulación continua de estos microorganismos generó que estas secuencias llegaran a tener más de 500 metros de espesor.

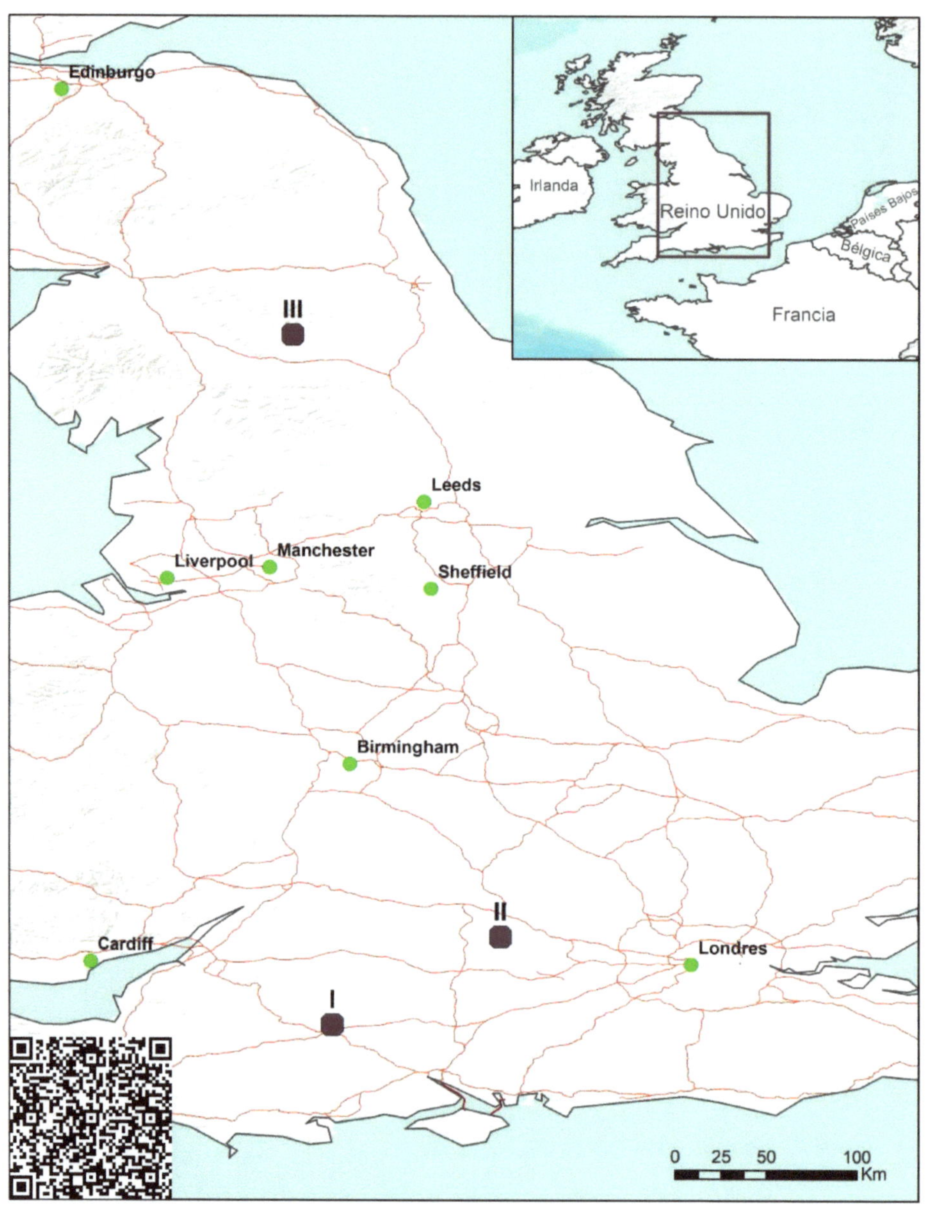

Mapa y código QR con los puntos geográficos en los cuales se filmaron las escenas de esta película mencionadas en este libro.

Locación (Escena II, imagen superior): Benson, Wallingford, Reino Unido (51°37'30.6"N 1°06'50.1"W)

Esta cantera, ubicada en una zona de tratamiento de residuos en el pueblo de Benson, está conformada geológicamente por la Formación Gault, que consta de areniscas, arcillas y lutitas fosilíferas de entre 112 a 100 millones de años de edad y que representan los depósitos sedimentarios de antiguos mares profundos.

Entre los fósiles encontrados en estas secuencias se encuentran los amonites, que son una antigua y variada especie de cefalópodos y al que también pertenecen los pulpos y calamares de la actualidad.

El Río Tees fluye a través de unas secuencias de calizas grisáceas que datan de hace más de 330 millones de años de antigüedad.

Estas rocas se originaron por la constante precipitación de material carbonatico en una mar tropical poco profundo.

Debido al ambiente geológico de formación de estas rocas es posible encontrar actualmente fósiles de corales y crinoideos (especie cercana a las actuales estrellas de mar) en estas secuencias sedimentarias.

Locación (Escena III, imagen inferior): Río Tees, Bowlees, Reino Unido (54°38'42.7"N 2°08'54.6"W)

GLOSARIO

Acuífero

Un cuerpo de roca permeable, por ejemplo, un estrato de areniscas, que es capaz de almacenar cantidades significativas de agua entre sus poros, mientras que un cuerpo rocoso impermeable, por ejemplo, una roca ígnea, evita el escape de esta por debajo. Existen distintos tipos de acuíferos según el tipo de confinamiento que le otorgan las rocas circundantes.

Aluvial

Depósitos de sedimentos relacionados a ríos o caudales menores de agua.

Anfibolita

Roca metamórfica compuesta principalmente por hornblenda y plagioclasa y en menor proporción epidota, biotita y cuarzo. Frecuentemente este tipo de rocas presentan texturas donde los minerales se encuentran alienados en una dirección, indicando el sentido de la deformación de la roca.

Anortosita

Roca ígnea intrusiva compuesta en más de un 90 % por un mineral denominado anortita. Es una roca muy común en la superficie de la Luna.

Aplita

Tipo de roca ígnea de la misma composición de un granito pero con un tamaño de cristales menor a 2 mm.

Arcilla

Partículas de minerales fragmentados de un diámetro menor a 0,004 mm (4 µm).

Arenisca

Roca sedimentaria formada por fragmentos de rocas y minerales de entre 0,063 mm (63 µm) a 2 mm de diámetro. Estos fragmentos se encuentran unidos por algún tipo de cemento mineral y en general están constituidos por cuarzo y feldespatos, pero pueden incluir cualquier tipo de mineral y roca.

Barján

Tipo de duna móvil que adopta su forma debido a la predominancia del viento desde una dirección. La arena se acumula en ángulos de 32° y se mueven a una velocidad promedio de 10 a 20 metros por año.

Basalto

Roca ígnea extrusiva (lava) de colores oscuros compuesta principalmente por vidrio, plagioclasas, piroxenos y olivinos.

Broken Formation (Mélange tectónico)

Rocas sedimentarias fragmentadas y deformadas en grandes bloques dentro de unas secuencias aun más grandes de otras rocas sedimentarias. Este tipo de estructuras son típicas de ambientes de subducción, donde los sedimentos son deformados cuando quedan atrapados entre las placas tectónicas.

Caliza

Roca sedimentaria compuesta de calcita y/o dolomita con un origen orgánico, químico o detrítico.

Cámara magmática

Es una zona en la corteza profunda en la que el magma se estanca en su ascenso hacia la superficie. A medida que el magma se acumula, las rocas circundantes son consumidas por el magma, ampliando el espacio en el que este reside. En esta cámara ocurren la mayoría de los procesos químicos que definen las características de las diferentes rocas ígneas.

Cinturón de Fuego del Pacífico

Es una serie de arcos volcánicos continentales e insulares de aproximadamente 40 000 km de largo y 452 volcanes que rodean el océano Pacífico. Esta cadena de volcanes es producto de la interacción de las distintas placas que existen bajo el océano Pacífico con las placas de los distintos continentes con las que están en contacto.

Coladas de lava

Corresponde a la forma que adopta el flujo y desplazamiento de la lava a través del suelo cuando es eruptada por un cráter volcánico. Existen cuatro categorías principales para categorizar las coladas de lava según su forma; AA o escoriáceas, pahoehoe o cordadas, coladas en bloque y pillow o almohadilladas.

Conglomerado

Roca sedimentaria de grano grueso con clastos redondeados de tamaños superiores a 2 mm.

Conglomerado volcánico

Conglomerado de clastos mayoritariamente compuestos de rocas volcánicas.

Corteza continental

Corresponde a la parte sólida más superficial de la Tierra y se encuentra «flotando» sobre el manto terrestre. La corteza continental tiene un espesor promedio de entre 30 a 40 km, mientras que en las zonas montañosas el espesor puede llegar a los 70 km y en las cuencas oceánicas entre 4 a 8 km.

Cuarzo-monzonita

Roca ígnea intrusiva constituida principalmente por plagioclasa y feldespatos potásicos en porcentajes similares, además de un pequeño porcentaje de cuarzo. Esta roca es parte de la familia de las rocas graníticas.

Cuenca

Depresión en la corteza que puede ser de origen erosivo o estructural. A menudo en estas depresiones se acumulan sedimentos de distintas naturalezas dependiendo del agente que los transporta y la fuente de origen.

Delta

Zona de encuentro entre los ríos y el mar o un gran lago. En este zona los sedimentos transportados por la corriente se acumulan en una distribución similar a un abanico.

Depósitos piroclásticos

Acumulación de fragmentos volcánicos y cenizas expulsadas durante una explosión volcánica.

Dolomía

Roca sedimentaria carbonática formada por precipitación química del mineral dolomita.

Esquisto

Roca metamórfica que es resultado de una intensa deformación de rocas sedimentarias. Existen diversos tipos de esquistos y se clasifican según su composición mineralógica y textura.

Esquisto verde

Tipo de esquisto de tonalidad verdosa debido a la abundancia de minerales de este color, tales como clorita, epidota y anfiboles. Este tipo de roca es común en las zonas de colisión entre las placas tectónicas.

Esquito micáceo

Tipo de esquisto en el que abundan la biotita y moscovita, y otros minerales que presentan una estructura plana y hojosa (micas). Por lo general, estas rocas tiene una tonalidad plateada o gris a pardo claro.

Falla geológica

Discontinuidad en la corteza en la que dos bloques se encuentran desplazados uno respecto al otro. Las fallas se clasificación según la dirección de desplazamiento de los bloques y de ellas se interpreta gran parte de la geología estructural de una región, indicando, por ejemplo, si una zona estuvo en algún momento del pasado lejano en un régimen en el que la corteza se estaba comprimiendo o extendiendo.

Feldespato Potásico

Grupo mineral compuesto principalmente por sílice, aluminio y potasio. Algunos minerales pertenecientes a este grupo son la ortoclasa, microclina y sanidina. Estos minerales son comunes en la mayoría de las rocas ígneas del planeta.

Filita

Roca metamórfica de menor grado de deformación y metamorfismo y que un esquisto.

Fluvial

Relativo a un río.

Formación

Unidad litoestratigráfica referente a un grupo de rocas sedimentarias y/o volcánicas que fueron depositadas en un ambiente geológico común y en secuencias relativamente consecutivas.

Gabro

Roca ígnea intrusiva compuesta por minerales máficos, tales como piroxenos, olivinos, anfíboles, etc. Esta roca es cercana en composición al manto, que corresponde al material fundido sobre el que flotan las placas tectónicas.

Glauconita

Mineral de color verdoso. Es común en sedimentos marinos, por lo que su presencia ayuda en la interpretación de las secuencias sedimentarias cuando existen pocas evidencias de terreno.

Granito

Roca ígnea intrusiva compuesta principalmente por cuarzo, plagioclasa y feldespato potásico en similares proporciones. Este tipo de rocas son comunes en la corteza terrestre y se originan producto del enfriamiento extremadamente lento, en términos de millones de años, del magma al interior de las cámaras magmáticas.

Granodiorita

Roca similar al granito pero con menor presencia de minerales del grupo de los feldespatos potásicos.

Grava

Fragmentos de rocas y minerales de entre 2 a 64 mm de diámetro.

Hornblenda

Mineral verde oscuro perteneciente al grupo de los anfíboles. Es uno de los minerales accesorios más comunes que se encuentran en las rocas.

Lacustre

Referente a un lago.

Lavas andesíticas

Rocas volcánicas de color negro o gris oscuro y con la presencia de cristales de plagioclasa como único elemento visible característico, sin embargo, en algunas variantes se pueden observar a simple vista otros minerales accesorios. Estas rocas son muy comunes en la Cordillera de los Andes en Sudamérica.

Lavas andesíticas basálticas

Rocas volcánicas similares a las lavas andesíticas pero con una composición química entre una lava basáltica y una lava andesítica.

Lavas dacíticas

Roca volcánica de composición química más alcalina que una lava andesítica. En este tipo de rocas es posible observar cristales de cuarzo y/o feldespatos potásicos y son más viscosas debido a su alto contenido en sílice.

Limolita

Roca sedimentaria compuesta por partículas de entre 4 a 62,5 micrones (μm).

Lutita

Roca sedimentaria constituida por partículas de grano muy fino, tales como arcillas y limos.

Ma

Abreviatura internacional, recomendada por la IUPAC, para referirse a un millón de años.

Marga

Roca sedimentaria compuesta por minerales carbonáticos y arcillas.

Mioceno

Época del periodo Neógeno, designado por la International Commission on Stratigraphy, entre los 23,03 a los 5,33 millones de años.

Monzonita cuarcífera

Roca ígnea intrusiva similar a un granito pero con menor presencia de cuarzo.

m.s.n.m.

Abreviatura de metros sobre el nivel del mar.

Paleogeografía

Referente a la geografía continental o marina que ha existido a lo largo de las diferentes épocas geológicas de un lugar determinado o de todo el planeta.

Pangea

Antiguo supercontinente que existió aproximadamente entre los 260 a 230 millones de años atrás. Este supercontinente estaba rodeado por un único océano denominado Panthalassa.

Pegmatítico

Tipo de textura en las rocas ígneas en las que los cristales minerales se encuentran desarrollados por sobre el promedio, llegando incluso a tamaños de decenas de centímetros.

Pizarra

Roca metamórfica con una foliación muy leve resultante de la deformación tectónica compresiva a escala regional de rocas sedimentarias lutíticas.

Plagioclasa

Es un mineral del grupo de los silicatos y es uno de los principales minerales formadores de rocas. Existen distintos tipos de plagioclasas y se clasifican según la proporción de sodio y calcio que contengan.

Post-glacial

Periodo posterior al último máximo glaciar ocurrido en la Tierra entre 30 000 a 15 000 años atrás.

Roca caja

Es la roca que contiene al magma cuando este comienza a alojarse en el interior de la corteza.

Roca intrusiva

Es la roca, generalmente roca ígnea, que queda contenida en una roca preexistente (roca caja).

Roca ígnea

Tipo de roca que pertenece a uno de los tres grandes grupos de rocas junto con las rocas metamórficas y sedimentarias, y corresponden a las rocas que cristalizan a partir de un magma.

Roca metamórfica

Tipo de roca que pertenece a uno de los tres grandes grupos de rocas junto con las rocas ígneas y sedimentarias, y corresponden rocas formadas por la recristalización de rocas preexistentes debido principalmente a cambios de presión y temperatura. Todas las rocas pueden ser metamorfoseadas, sin embargo, cada tipo de roca responde de distinta forma a estos cambios.

Roca sedimentaria

Tipo de roca que pertenece a uno de los tres grandes grupos de rocas junto con las rocas ígneas y metamórficas, y corresponden a rocas formadas por fragmentos de otras rocas y minerales. Este tipo de rocas se clasifican según el tamaño y composición de sus partículas y los distintos tipos de ambientes en los que depositan estas partículas.

Subducción

Proceso en el cual la corteza oceánica o continental es consumida y reciclada bajo otra corteza oceánica o continental. Este proceso es generado por la convección del manto que desplaza lentamente las placas tectónicas que flotan sobre el en diversas direcciones.

Supercontinente

Término aplicado a los continentes que existieron en el pasado geológico. Al desfragmentarse estos supercontinentes se fueron generando parte de los continentes que existen actualmente. Los supercontinentes más recientes del tiempo geológico pasado son Pangea, Gondwana y Laurasia.

Toba

Tipo de roca en la cual las cenizas y otros componentes volcánicos, depositados por flujos piroclásticos y nubes de cenizas, están compactados y litificados.

Transgresión

Aumento del nivel mar que cubre nuevas zonas costeras. Debido a esto los sedimentos del fondo marino que hay en ese momento se cubren por nuevos sedimentos correspondientes a zonas más profundas de la plataforma marina.

Valle glaciar

Valle formado y moldeado por el avance continuo de una masa glaciar durante miles o cientos de miles de años. Los valles formados por estos procesos generalmente tienen forma de U, en contraposición de los valles generados por procesos fluviales que tienen forma de V.